가능성이 가득한 삶을 응원합니다.

장이지

돈 되는
온라인
클래스

돈 되는 온라인 클래스

지은이 장이지
펴낸이 임상진
펴낸곳 (주)넥서스

초판 1쇄 발행 2022년 4월 10일
초판 2쇄 발행 2022년 4월 15일

출판신고 1992년 4월 3일 제311-2002-2호
10880 경기도 파주시 지목로 5 (신촌동)
Tel (02)330-5500 Fax (02)330-5555

ISBN 979-11-6683-250-5 03320

가격은 뒤표지에 있습니다.
잘못 만들어진 책은 구입처에서 바꾸어 드립니다.
www.nexusbook.com

돈 되는
온라인
클래스

노트북 하나로 3개월 만에 월급 벌기

| 장이지 지음 |

넥서스BIZ

프롤로그

전 세계를 강타한 '코로나 19'로 인해 우리 사회는 거리두기에 동참하고 다른 사람들과 대면 접촉을 최소화하는 언택트 라이프 스타일Untact Life Style 로 급격하게 변모하고 있다. 언택트 라이프 스타일이 자리 잡으면서 각 개인이 독립된 경제 주체로 활동하는 '셀피노믹스' 시대가 본격적으로 열리고 있다. '셀피노믹스'란 개인self 과 경제학economics 을 합성한 신조어로, 개인의 잠재 능력을 콘텐츠화해 스스로 브랜딩하고 수익을 실현하는 것을 의미한다.

오프라인 중심으로 전개되던 비즈니스, 문화, 교육 등이 대거 온라인으로 전환되었다. 그리고 이 혹독한 코로나 위협 속에서도 새로운 기회의 문이 열리고 있다. 유명 유튜버, 파워블로거 등 소셜네트워크서비스SNS 인플루언서 외에도 다양한 온라인 플랫폼을 통해 자신만의 고유한 재능을 공유하며 수익을 실현하는 방식이 새로운 경제 트렌드로 자리 잡고 있다.

헬스나 요리, 뷰티 등 그 영역도 다양하다. 지식과 재능을 공유하는 온라인 자기계발 강의부터 차별화된 창작물로 상금을 타는 경연까지 개인의 잠재 재능을 콘텐츠화해 활용할 수 있는 수익 플랫폼이 주목받고 있다.

한편 자신의 안위뿐만 아니라 부양가족의 생계마저 위협하는 극한 코로나 환경에서 스스로 자신을 고용하는 1인 기업이 그 어느 때보다 부각되고 있다. 언뜻 멋스럽게 느껴지는 1인 기업이 자신만의 재능을 콘텐츠화해 수익을 창출하기까지 그 과정이 녹록지만은 않다. 코로나라는 태풍의 눈으로 들어가 자신의 경험과 지식을 토대로 새로운 가치를 창출하는 노력이 그 어느 때보다 필요한 시기다.

이 책은 이미 인플루언서로 온라인에서 상당한 영향력을 발휘하며 수익을 실현하고 있는 사람들을 위한 책이 아니다. 수십 개의 자기계발 콘텐츠 카카오 단체 톡방에 가입해서 이런저런 강의를 들으면서도 여전히 수익화에 목마른 사람들을 위한 책이다.

밤이 늦도록 수익화할 만한 자신의 재능을 발견하지 못해 고민하는 사람들을 위한 책이다. 가까스로 재능을 콘텐츠화했더라도 인지도가 낮아 인플루언서 틈바구니 속에서 묻혀버리는 비운을 겪고 있는 사람들을 위한 책이다.

누구나 들으면 알 수 있는 EBS 15년차 온라인 강사, 약 1500명이 참여하는 자기계발 콘텐츠 단체 카톡방 운영, 온라인 전문 강사, 브랜딩포유 회사 대표, 온라인 영상 촬영 및 제작, 강사 및 작가, 브랜딩 및 마케팅 대행, 실행독서 코칭프로그램 운영, 동기부여 마인드 코칭 강사, 온라인 플랫폼 비즈니스 사업. 지금까지 필자가 해온 일이다.

현장에서 좌충우돌하며 얻은 생생한 경험을 바탕으로 자신만의 강점을 반영한 차별화된 콘텐츠를 생산하고 브랜딩하여 수익화에 이르는 일련의 과정을 솔직담백하게 안내하고자 한다. 성공자의 관점이 아니라 수익화에 목말라하는 이들 옆에서 페이스메이커로 함께 뛰며 성장하기를 소망한다.

장이지

차례

PART 3 • '나'는 내 비즈니스의 자본, 상품, 브랜드다

PART 4 • 상품을 기획하듯 온라인 클래스를 기획하자

PART 1

노트북 하나면
누구나 온라인 클래스
오픈할 수 있다

ONLINE
CLASS

1
지금은 새로운 시장이 된 온라인 클래스

온라인 교육 기획자 출신으로 15년간 온라인 강사로 활동하였다. 현재는 퍼스널 브랜딩 전문기업 '브랜딩포유'를 운영하고 있다. 그간 대규모 교육기업과 일하며 브랜딩하다보니 누구보다도 퍼스널 브랜딩이라는 분야와 비대면 교육사업 분야에서 빠른 성장을 일구고 있다. 나홀로 시작한 무자본 지식 창업이 현재 자동 수익화를 이루고 있고, 여러 기업과 MOU를 통해 협업하며 확장하고 있다. 이 과정에서 팬덤이 생겨 1500명 카톡방도 2개로 확장되었고, 각종 언론사에서 퍼스널 브랜딩 부문 고객감동혁신 대상을 받았다. 온라인 강사에서 시작하여 이제는 브랜딩 컨설턴트로 활동하면서 홍보영상 제작과 온라인 클래스 기획, 온라인 강의 촬영 제작, 실행 동기부여 마인드 코칭, 온라인 플랫폼 비즈니스 사업 등을 하고 있다.

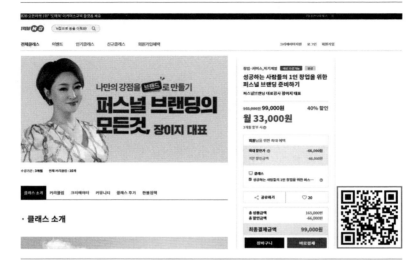

　요즘 필자가 만나는 사람들과 하는 일을 생각해보면, 이전과 너무나 다른 세상이 되었음을 깨닫는다. 원격교육 환경이 오리라 예견은 했지만, 코로나19로 인해 조금 먼 미래에 일어날 것 같았던 일들이 지금 여기에서 일어나고 있다. 코로나19로 많은 비즈니스 영역이 사라지기도 하고, 그로 인하여 더 확장된 영역도 생겼다. 이미 다가와 버린 현실 앞에 우리가 찾아야 할 것은 무엇인가? 그리고 생존을 위해서는 무엇을 해야 하는가?

　필자는 이것을 스스로에게도 반복해서 질문하고 질문했다. 중요한 것은 비대면 비즈니스가 빠르게 확산되면서 관련 사업들도 빠르게 성장하고 있다는 것이다. 이제는 직업을 하나만 가지고 사는 것이 정답이 아닌 세상이다. 거대한 바이러스로 전 세계가 흔들렸다. 물리적으로는 교류의 문이 닫힌 듯하지만, 역설적으로는 온라인으로 인해 세상이 더 밀접하게 연결되고 있다.

'위기'와 '기회'라는 두 단어 사이에 흐르는 긴장감을 직접 맞이하게 된 이 시점에서, 기회의 문을 열기 위해 무엇이 가능할까를 생각했다. 많은 방법이 존재할 것이고 또한 많은 산업이 확장될 것이라고 생각한다. 무수히 많은 기회 중 내가 선택한 온라인 교육 비즈니스의 길에 대해 소개하고자 한다.

온라인 교육 비즈니스의 장점은 무자본으로 시작할 수 있고, 뛰어난 재능과 기술이 없더라도 시작할 수 있다는 것이다. 이미 시작하여 이 시장을 선점한 이들도 있지만, 앞으로의 시장을 생각해본다면 기회의 문이 활짝 열렸기 때문이다. 늦지 않았다. 지금 이 글을 읽고 있는 순간이 가장 빠른 때다. 내가 경험하고 조사해본 좋은 방법과 가능성을 제시할 것이다. 이것을 나의 것으로 여기고 실행한다면 이 책의 가치는 10배, 100배 그 이상이 될 것이다.

'취향의 다양성'이라는 주제로 2019년까지 다양한 오프라인 모임의 비즈니스가 확장됐다. 독서모임 트레바리, 남의 집 프로젝트, 독서와 창작 취향관, 영화모임 담화관 등 각종 다양한 형태의 오프라인 모임 비즈니스가 성장세였고 이를 준비하는 스타트업도 많았다.

또한 개인의 관심사와 취향을 공유하는 커뮤니티가 확대되는 추

세였는데 1인 가구 증가로 미코노미Meconomy가 확산된 결과다. 미코노미는 나Me와 경제Economy의 합성어로 개인 중심의 경제활동을 일컫는 말이다. 이는 제레미 리프킨의 저서《소유의 종말The Age of Access, 2020》(민음사, 2001)에서 언급된 말로 개인 중심의 경제활동을 의미한다.

하지만 2020년부터 코로나로 인해 이러한 활동들이 위기에 봉착했다. 오프라인이 아니면 안 될 것만 같았던 시장은 급격히 축소되거나 온라인으로 전환되기 시작했다. 미코노미 현상은 더욱더 가속화되었지만 기존 오프라인의 형태로 확장되던 모든 사업의 형태가 온라인으로 넘어온 것이다. 이를 기회로 삼아 '클래스101'은 취미생활을 기반으로 한 다양한 소품들을 직접 택배로 보내주고 온라인 화면을 보며 따라 할 수 있게 만드는 아이디어를 중심으로 하여 돌풍을 일으켰고, 지금은 재테크·비즈니스·심리 기반의 영상 분야까지 다양하게 지평이 확장되었다. 그 외 탈잉, 크몽, 솜씨당, 프립, 숨고, 인프런, 에듀 캐스트, 스터디 파이 등 온라인 분야에 특화된 플랫폼 비즈니스가 활성화되고 있다.

비즈니스의 분야에서만 변화의 움직임이 있는 것은 아니었다. 공교육에도 변화가 시작되었다. 국민 모두 평등하게 지식과 교육을 공급하는 학교에서 가장 발 빠르게 변화했다. 온라인 화상 서비스를 제공하는 프로그램을 찾았고(줌 ZOOM 등), 구글은 '구글 미트'를 무료로 제공했고, 초중고등학교는 구글 미트를 비롯한 '구글 드라이브' 기능을 이용한 온라인 교육을 시작했다. 대학교는 이 둘을 이용하거나 교수가 각각 VOD를 제작해 학생이 시청하게 하는 방식으로 수업을 이어갔다.

모두가 2020년 상반기만 잘 버티면 된다고 생각했지만 결과적으로 2021년을 지나 2022년이 되었고, 백신 접종이 시작된 후 3차 접종까지 받은 상황에서도, 변이 바이러스의 막강한 전파력으로 여전히 2020년과 똑같은 삶을 살아야 한다는 것을 체감하게 되었다. 덕분에 전 국민이 자연스럽게 온라인 세상으로 넘어온 것이다.

이는 코로나19가 우리 모두에게 준 기회다. 아무리 좋은 아이디어와 상품이 있어도 너무 앞서간다면 배척당할 수 있다. 뛰어난 아이디어를 현실로 구현했지만 사람들이 이를 알아봐주기를 설득하다가 사업이 힘들어진 경우를 직접 목격하기도 하였다. 하지만 온라인 지식 비즈니스는 이제 판이 깔린 것이나 다름없다.

｜온라인 교육 시장의 급성장

이제는 자기 지역에 국한해서만 교육할 수 있는 시대가 지났다. 대한민국 전체, 나아가 전 세계가 하나로 연결되어 있기에 마음만 먹으면 나의 지식을 세상 어디로든 펼칠 수 있는 것이다. 최근에는 1:1 온라인 화상 면접, 인공지능AI 기반의 온라인 면접이 이루어지고 있다.

코로나19 바이러스의 영향으로 시작된 변화는 점점 더 확대될 추세다. 세 살 버릇 여든까지 간다는 속담처럼, 경험으로 익숙해진 것은 쉽게 바뀌지 않는다. 이미 비대면으로 교육 효과를 경험해봤으므로 이동 제약이 없고 시간을 절약할 수 있는 온라인 교육은 코로나가 종식되더라도 줄어들 수 없는 시장이다.

모든 상황이 온라인 비즈니스를 하지 않을 이유가 없도록 흘러가고 있다. 온라인 비즈니스는 여러 파이프라인을 만들 수 있다. 단순하게 온라인 강의를 촬영만 하는 것이 아니라 나의 지식과 재능 또

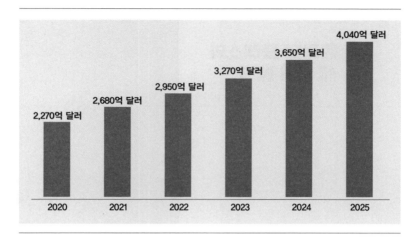

▶세계 에듀테크 시장 규모 전망 출처: 홀론아이큐

는 노력이 상품이 된다. 무형을 유형으로 꺼내어 정보를 만들고 그것을 많은 사람에게 나누어주는 것이다. 구체적으로 어떻게 상품을 찾고 만들고 브랜딩하고 자동화 수익을 만들 것인지에 대한 설명은 이후 자세히 언급하도록 하겠다.

변화 속에는 불안이 공존한다. 미래를 대비해야 함을 모두가 인지하고 있기 때문이다. 코로나19로 인해 사회적으로 경제적 손실도 많이 발생했고, 먹고 사는 것에 대한 걱정과 불안이 심각해졌고, 투자와 재테크에 관한 관심도 높아졌다. 모든 분야에 기회가 있다는 의미다. 시장은 점점 더 확대되고 있다. 지금 이 순간 내가 가진 강점이 무엇이고 이를 어떻게 온라인 속에서 비즈니스로 확장할 수 있을까를 생각하고 다음 장을 읽는다면 크게 도움이 될 것이다.

2

온라인 클래스의
세 가지 매력

필자의 경우 현업이 잘 유지된 상황이었는데도 지식 비즈니스를 시작하였다. 지식 비즈니스가 매력적으로 다가온 이유는 세 가지 자유로움 때문이다. 첫째 시작의 자유로움, 둘째 관계의 자유로움, 셋째 시간의 자유로움이다.

시작의 자유로움

이 관점에서 가장 큰 메리트는 무자본 창업이 가능하다는 것이다. 그러므로 누구나 도전할 수 있고 언제든 시작할 수 있다. 시작에 필요한 것은 컴퓨터와 휴대폰, 자신감과 용기뿐이다. 온라인 교육 비즈니스를 시작하는 데 자금은 필요하지 않다. 스스로가 걸어다니는 상품이자 광고판인 셈이다. 스스로가 브랜드가 되어 알리고 고객을 모집하는 것이 가능하다. 거창하고 많은 콘텐츠로 시작해야 하는 것도 아니다. 작게 시작한 하나의 콘텐츠가 차후 다양한 수입의 파이프라인 구축으로 펼쳐질 가능성이 크다.

관계의 자유로움

1인 온라인 교육 비즈니스 창업은 스스로 주체가 되어 진행하는 비즈니스다. 그러므로 원하는 관계를 내가 선택할 수 있다. 좋아하는 일을 좋아하는 사람들과 함께할 수 있다. 피고용인으로서 주어진 일을 수행하는 것이 아니다. 또한 선택 받는 것이 아닌 내가 선택하는 것이므로 나와 결이 맞는, 혹은 함께 시너지를 낼 수 있는 사람들과 어우러져 시작하는 것이 가능하다.

시간의 자유로움

1인 온라인 교육 비즈니스 창업에 대한 가장 큰 혜택은 뭐니 뭐니 해도 '시간의 자유로움'이다. 나를 위해 투자하고 배우는 시간이 도약을 위한 출발이 된다. 나를 성장시키는 시간의 확보가 가능하다. 내가 원하는 시간에 선택하여 일하는 것이 가능하다. 셀프 고용을 통하여 경제적·관계적·시간적으로 자유롭기에 내가 원하는 대로 디자인한 삶을 사는 것이 가능하다.

이러한 매력적인 3요소를 가진 무자본 온라인 교육 비즈니스를 시작할 때, 먼저 나만의 브랜딩과 콘텐츠를 찾는 것이 중요하다.

온라인 지식 비즈니스의 특징과 비전 수립

3차 산업 혁명이 저물어 가는 시점에 '지식 전달자'라는 새로운 직업이 생겨났다. 기존 오프라인 비즈니스 방식 즉 제조, 생산, 유통을 통해 유형의 상품을 만들고 부가가치를 창출하던 수익 구조가 크게 흔들리면서, 그 파급력이 점점 거세지고 있다. 컴퓨터와 인터넷, 유튜브 등이 등장하고 상용화되면서 개인이 보유한 경험, 정보, 지식이 돈이 되는 마법이 시작된 것이다. 이때부터 '정보의 불균형'이란 말이 회자되고, 이 현상이 경제적 이슈에 영향을 미칠 수 있음 또한 인지하게 되었다. 즉 개인의 경험, 정보, 지식이 돈이 되면서, 경험, 정보, 지식에 기반을 둔 콘텐츠를 소유한 자와 소유하지 못한 자 사이에 일어나는 정보의 불균형으로 인해, 그것을 파는 자와 사는 자로 양분화된 것이다.

지금은 경험, 정보, 지식을 팔고 사는 '지식 크리에이터'의 시대다. 소셜미디어는 개인의 지식을 경쟁 요소로 만들어주는 기반이며, 그러한 개인의 경험, 정보, 재능을 기반으로 1인 기업을 만들 수 있는 시대가 되었다. 일본 경영학 대가이자 지식경영의 원조격인 히토츠바시대학의 노나카 이쿠지로 교수는 "지식경영의 세 가지 요소는 손에 잡히는 콘셉트, 경험, 사람들과의 교류"라고 주장했다. 그는 기업의 성장 지향점을 반영한 콘셉트를 설정하고, 연관된 경험을 통해 지식을 체화하고, 다양한 사람들과 교제를 통해 의견을 나누고 성장하는 과정에서 아이디어를 구현하는 것이 지식창조의 틀이라고 규정했다.

일반 기업에서 지식창조의 틀은 구체적인 콘셉트, 경험을 통한 체화된 지식, 사람들과의 교류를 통한 집단지성의 힘이라고 정리할 수 있다. 이를 온라인 비즈니스를 지향하는 1인 기업에게 응용하면 자신만의 고유한 콘셉트, 경험, 체화된 지식을 융합한 '차별화된 콘텐츠'가 첫 번째 요소다. 두 번째는 콘텐츠에 관심이 있는 사람들이 필요한 것을 제공하면서 사람들을 모으고 교류하며 자신의 핵심 콘텐츠를 어필하는 과정, 즉 '마케팅'이다. 마지막으로 모여든 사람들의 고민이나 문제를 해결하는 솔루션을 제공함으로써 성과를 내고 '수익화'하는 과정이다.

3

온라인 클래스
성공의 핵심

온라인 비즈니스 성공의 핵심은 '내가 남을 어떻게 도울 수 있을 것인가'에 달려있다. 다른 사람이 기대하는 것 이상을 얼마나 적기에 제공하느냐에 따라 온라인 비즈니스의 성패가 갈린다.

N사가 인증한 인플루언서, 하루 방문자 1만 2천 명, 1일 1포스팅 등 1인 지식 콘텐츠 크리에이터로 생존하고 성장하는 조건이 지니는 의미의 핵심은 바로 '진정성'이다. 다른 표현으로 '신뢰'라고 한다. 오프라인의 비즈니스는 이런 진정성과 신뢰가 온라인보다 훨씬 다양한 경로와 수단을 통해 만들어지지만, 온라인은 이 경로가 상대적으로 한정되어 있다.

독자 혹은 잠재 고객의 신뢰를 얻는다는 관점에서 제한적인 방법의 온라인이 오프라인보다 불리해보이기도 한다. 특히 독자나 잠재 고객과의 대면 접촉을 통해 소통하고 이슈가 생겼을 때 바로 그 자리에서 해결할 수 있는 오프라인 비즈니스의 장점은 온라인과 비교할 수 없을 정도로 파급력이 크다.

그런데 오프라인 비즈니스의 경우 거의 모든 고객에게 신뢰를 쌓아가는 과정을 매번 동일한 방식으로 반복하는 만큼 시간과 비용이 증가하는 태생적인 한계를 품고 있다. 이에 반해 온라인은 블로그나 인스타그램, 유튜브에 올려둔 디지털 형태의 콘텐츠가 크리에이터의 시간과 비용을 소비하지 않고 실시간으로 노출되어 신뢰를 형성하는 과정을 반복하게 된다. 시간과 비용이 제한적인 1인 지식 크리에이터에게 온라인 기반이 오프라인보다 유리한 지점이기도 하다.

이런 맥락에서 볼 때, 온라인 비즈니스에서 독자나 잠재 고객이 만나는 것은 지식 크리에이터의 온화한 미소나 정감어린 육성이 아님을 기억해야 한다. 독자를 만나는 지식 크리에이터의 디지털 콘텐츠에 '진정성'이 담겨야 독자에게 지식 크리에이터의 핵심 메시지가 제대로 전달될 수 있다.

당신이 지금까지 몸담고 있던 크고 안락한 조직이나 근무 환경에서 벗어나 1인 기업 혹은 지식 콘텐츠 크리에이터로서, 홀로 광야에 선 막막함과 엄습하는 외로움을 느끼는가? 가까스로 발견하고 찾아낸 자신만의 콘텐츠가 과연 자기계발 시장에 먹힐지 의문이 드는

가? 혹은 그 콘텐츠가 고객의 마음을 사로잡을 수 있을지 불안하고 온라인 과정을 오픈할지 말지 망설여지는가?

페르소나는 라틴어로 '가면'이라는 뜻이다. 이후 사람Person, 인격, 성격personality의 어원으로 심리학 용어가 되었고, 이미지 관리를 위해 쓰는 가면을 의미하기도 한다. SNS에서 주로 사용하는 프로필 사진이나 특정 인물이 대표적으로 사용하는 고유한 이미지 역시 페르소나로 설명하기도 한다. 영화감독이 자신의 의도나 메시지를 은연중에 전하려고 자신의 작품에 여러 번 등장시키는 배우를 일컫기도 한다. 배우 송강호가 〈기생충〉 봉준호 감독의 페르소나로 지칭되는 것이 대표적인 사례다.

송강호 주연의 〈반칙왕〉(2000)은 은행원으로 일하는 주인공이 당시 국내에서 이미 하향세로 꺾인 프로레슬링을 접한 뒤 프로레슬러의 가면을 쓰고 내면이나 현실에서도 새로운 삶에 눈을 뜬다는 내용이다. 사회에서 약자로 살던 옛 모습을 청산하기 위해 프로레슬러의 가면을 쓰고 파이터로서 정체성을 찾아 당당하게 성공의 길을 걷는 주인공의 삶의 궤적은 진심으로 참고할 만하다.

1인 기업이나 지식 콘텐츠 크리에이터는 인생이라는 무대에서 스스로 감독이 되어 자신의 의도나 메시지를 독자나 고객에게 반복적으로 어필하고 그들의 마음속에 파고드는 배우라고 할 수 있다. 1인 기업 혹은 지식 콘텐츠 크리에이터라는 '새로운 가면'을 쓰고 인생이라는 무대에서 독자나 잠재 고객을 만나서 당당하게 자신의 콘텐츠로 제공할 수 있는 가치를 어필해야 한다. 당신이 주 무대로 활동할 온라인 콘텐츠 시장은 계속해서 성장하고 있기 때문에 1인 기업 혹은 지식 콘텐츠 크리에이터 가면을 쓰고 도전하는 일은 해볼 만한 게임이다.

지식 콘텐츠 크리에이터라는 '새로운 가면'을 쓰고 자기계발 시장이라는 무대에 서면 처음에는 오금이 저리고 손발이 떨릴 수도 있다. 그 긴장과 떨림은 자신의 콘텐츠에 대한 독자와 잠재 고객의 평가 때문이다. 우리 인생은 평가의 연속이지만, 다른 사람의 평가에 지나치게 연연할 필요는 없다. 대신 다른 사람의 평가 이전에 스스로 자신의 콘텐츠에 대한 확신이 있어야 한다. 자신이 텍스트로 발행하는 콘텐츠에도 자신감과 확신이 묻어나야 한다. 콘텐츠 내용도 중요하지만 콘텐츠의 핵심을 전달하는 발행자의 확신에 찬 어조나 말투가 더 중요하다.

콘텐츠 제작 시 주의점

자신의 주장을 강력하게 어필하기 위해서 높임말보다는 낮춤말로 표현하는 것을 권장한다. 상대를 얕잡아 보라는 의미가 아니다. 낮춤말로 표현하면 심리적으로 우위를 점하는 효과가 있으므로 자신감 충전용으로 활용하라는 의도도.

온라인 동영상을 촬영해서 오픈하는 경우에도 자신감 있게 보이려면 무엇보다 시선 처리가 중요하다. 얼굴 정면이 카메라 아래쪽에 위치하도록 한다. 눈을 너무 위로 치켜뜨지 말고 턱이 너무 아래나 위로 들리지 않도록 카메라 각도를 잘 조절해야 한다. 자연스럽게 보이도록 카메라 각도를 조절했다면 카메라를 볼 때는 사랑하는 사람을 쳐다보듯 눈가에 미소를 지어야 한다. 백 마디 말보다 여유 있는 그윽한 미소가 자신감의 최고 표현임을 기억하자.

그리고 소위 '조명발'을 활용하면 확신에 찬 강사로서 자신의 모습을 제대로 전달할 수 있다. 성형외과 광고 이미지 중 성형 전후 사진을 보면서 감탄을 금치 못하는 경우가 있는데 조명을 제대로 쓰느냐 쓰지 않느냐가 바로 그 정도 차이라고 이해하면 된다. 공중파 TV에 나오는 아나운서나 배우들이 한여름에 비지땀을 흘리면서도 조명만큼은 포기하지 않는 데는 그만한 이유가 있다.

4

온라인 클래스로
삶의 방향이 달라진 사람들

지식 콘텐츠 기반으로 수익화에 이르는 과정은 다음 4단계로 정리할 수 있다. 3단계와 4단계가 구분되어 있지만, 지식 콘텐츠 창업자의 상황에 따라 동시에 진행되거나 4단계가 먼저 이루어지는 경우도 있다.

1단계 **실행(동기부여)** : 온라인 비즈니스 가능성 찾기 · 마인드 확립 · 브랜딩의 필요성 정립

2단계 **퍼스널 브랜딩** : 콘텐츠 확정하고 프로그램 기획

3단계 **온라인 클래스 개설** : 기획 · 제작 촬영 · 플랫폼 구축으로 수익화

4단계 **라이브 유료 강의 개설** : 강의개설과 모객을 통한 수익화

각 단계별로 온라인 클래스 개설로 수익화를 실현하고 자신의 삶의 방향이 달라진 사람들의 사례를 차례대로 소개하고자 한다. 이미 퍼스널 브랜딩이 완성되어 많은 사랑과 관심을 받는 이들도 있으며 하나씩 만들어가며 도전하는 이들도 있다. 이들이 어떤 과정을 거쳐서 지식 콘텐츠로 수익화를 했는지 귀감을 삼고 성공 포인트를 발견하여 지식 콘텐츠 크리에이터로 거듭나기를 기원한다.

온라인 클래스 확장 성공 스토리

온라인 강의로 오프라인 강의를 지켜내다

박세니 님은 사람들의 잠재능력을 끌어내 각자의 분야에서 더욱 크게 성취하도록 돕는 심리 컨설턴트다. 학생의 성적 향상, 사업가의 소득증가, 운동선수의 경기력 향상 등 전 분야에 걸쳐서 잠재능력을 최대치로 이끌어내고 본질적인 동기부여가 이루어지도록 돕고 있다.

2004년부터 계속해서 오프라인 수업을 해왔고 코로나 시작부터 현재까지도 빠짐없이 매주 토요일, 일요일에 활발하게 오프라인 수업을 진행하고 있다. 하지만 코로나 국면으로 접어들며 오프라인 수업이 대부분 막히자 온라인 수업으로 돌파구를 찾았다. 사람들의 온라인 수업에 대한 요구가 계속 증가한 것을 느끼던 차, 2020년에 클래스101에서 온라인 강좌개설 요청을 받고 바로 강의를 개설해서 추가적으로 큰 소득을 올리고 있다. 그래서 클래스101에 2차 강의도 개설했는데 많은 온라인 수강생들이 수강 후에 센터 오프라인 실강으로 참여하여 오프라인 수업도 더욱 성황리에 진행되고 있다.

지금도 여러 회사에서 온라인 클래스 개설 요청을 받아 추가 개설을 준비 중이다. 그는 온라인 클래스를 개설한 뒤 소득증가가 크긴 하지만 원래 오프라인 강의를 즐기는 사람이기에 언제나 메인은 오프라인 수업이라고 생각한다. 그럼에도 그가 확신하는 분명한 사실은 온라인 강좌 개설이 강사에게 필수적이라는 것이다.

온라인 강의 수입으로
자체 플랫폼 개발 및 대면 사업까지 확장하다

생각정리 전문가 복주환 님은 2016년 농협 온라인 강의를 시작으로 휴넷, 멀티 캠퍼스, 휠라, MKYU, 클래스101 , 생각정리 자사 사이트 등 다양한 온라인 활동을 펼치고 있다.

오프라인을 기반으로 두고 온라인 강의를 열었지만, 코로나19가 시작된 시점부터 온라인 수익이 두 배 이상 급격하게 늘어나며 타사의 온라인 시장에서 받은 금액으로 자신만의 플랫폼을 구축했다. 자신만의 온라인 플랫폼을 구축한 수입으로 이제는 소프트웨어 개발

자금이 마련되어 새롭게 발돋움하고 있다.

또한 온라인 클래스 확장으로 소득이 지속적이고 안정적이어서 오프라인 대면사업인 생각정리 스터디카페 체인 사업에 도전하고 있다. 그의 사업은 이제부터가 시작이다. 온라인 시장이 열린 덕분에 많은 팬덤이 구축되었고 꾸준한 소득이 가능해졌다. 생각정리 브랜딩을 통해 다양한 분야의 다양한 이들에게 도움이 될 수 있도록 도전하고 있다.

온라인 강의 운영 경험을 수익 모델로 확장하다

박세인 님은 '휴먼브랜드 생각대로 사는 여자'로 알려져 있다. 사람북닷컴 대표로, 휴먼브랜드 스토리 토크쇼 〈휴스토〉 MC이자 오디오클립 〈덕업일치〉 MC이다. 서영대학교 경영학과 겸임교수이자, 김미경 대학교 MKYU 블로그 마케팅 비밀과외 강사이기도 하다.

2019년 오프라인 강의를 시작으로 온라인 플랫폼인 김미경 대학교 MKYU 블로그 마케팅 과정 1회차 만에 5,700명이 청취했고 큰 수익을 창출했다. 이것이 기반이 되어 온·오프라인 교육 기관으로 실시간 스트리밍이 가능해졌다.

그 이후 온라인 강의 촬영이나 팟캐스트 같은 녹음 스튜디오를 갖추고 온·오프라인의 행사를 담당할 수 있는 오프라인 근거지를 구축했고, 온라인 강의에서 김희연 대표가 운영하는 '메가인플러스'와의 접점을 통해 그들과 동시에 고객들에게 알려져 자체 브랜딩을 구축했다.

온라인에 게재된 고객의 수강 후기와 블로그, 인스타그램 등 SNS에 수록된 내용과 연관된 유명 유튜브 방송에 초대되는 기회가 많아졌고 이어서 온라인 클래스 개설 이후의 모객으로 연결되는 선순환 구조를 구축했다.

이런 선순환 구조를 바탕으로 온·오프라인 수익이 증가했다. 클래스101에 온라인 강좌를 개설하고, 퍼스널 브랜딩 영역 수익화에 공을 들이고 있다. 타인의 브랜드 성장을 도우면서 이를 통해 벌어들이는 매니지먼트 수익이 다른 영역에서 벌어들이는 수익에 가깝게 계속 성장하고 있다.

자체 사이트 제작으로 잠재고객층을 끌어내다

지식 콘텐츠 크리에이터인 우주보스 님은, 1인 지식 창업의 모든 프로세스와 기술을 다루는 1인 지식 창업 올인원 과정과 블로그·영상제작·워드프레스·페이스북 광고 기법 등을 영상강의로 제작 판매 중이다. 온·오프라인 컨설팅과 강의를 하고 있다.

온라인 비즈니스로 전향 후 지역과 시간 제한 없이 언제 어디서든 매출이 발생되는 강력한 무기를 얻었다. 콘텐츠 생산자로서 다양한 루트로 수익의 다각화를 만들어냈고, 이에 한계가 없다는 것을 경험한 후, 지속적으로 좀 더 차별화된 지식콘텐츠를 생산하고 있다. 아울러 자신의 모든 콘텐츠와 잠재고객층을 한곳으로 집결시켜 매출 극대화를 이끌어낼 자동화 마케팅 시스템을 업그레이드 중이다.

라이브 온라인 강의 도전 스토리

대치동 수학강사, 오픈채팅방을 플랫폼으로 삼다

이태웅 님은 대치동에서 수학강사로 활동하다가 2021년 7월 경제적·시간적 자유를 위해 퇴사했다. 지금은 공부방을 운영하며 경제적·시간적 자유를 찾기 위해 방황하는 이들에게 정보를 공유하고 강의를 하고 있다. 지식창업, 폐쇄몰 위탁판매, OEM 제조 및 판매, 해외 제휴마케팅, 워드프레스를 이용한 수익화와 도나비스쿨이라는 오픈채팅방을 통한 강의를 진행 중이다.

초창기에 수학강사 생활을 병행하며 온라인 활동을 시작했는데, 운전하는 시간에는 저장해둔 유튜브를 듣고, 차에서 내리면 유튜브 내용을 정리하고 이를 반복해서 자신만의 스킬로 발전시키는 일을 멈추지 않았다. 하루하루 배운 내용을 거듭해서 실천하고, 보고 들은 지식을 꾸준히 자신의 것으로 만들어가고 있다.

온라인 활동을 본격적으로 시작한 지 1년 만에 온라인 순매출 1억 달성! 정영민TV 유튜브 촬영, 라이프해킹스쿨 강의 섭외도 받아 촬영 진행 중이다. 그는 온전한 경제적 자유와 시간적 자유를 얻을 때까지 멈추지 않고, 어떠한 순간에도 현재에 안주하지 않으며, 오늘보다 더 나은 자신을 위해 노력할 작정이다.

배우는 게 좋아 시작했다가 가르치는 삶을 살게 되다

김종학 님은 코로나 이전에는 평범하게 한 가정의 가장으로서 컴퓨터 관련 일을 했지만 코로나로 인해 어려움이 점점 커지자 어쩔 수 없이 2020년 8월부터 온라인 쪽으로 투잡을 알아보았다.

카카오톡 오픈채팅방에 가입하면서 마케팅을 공부했다. 처음에는 블로그 관리대행을 맡아서 진행했다. 2개월 정도 블로그 관리대행을 하다 보니 '다른 사람의 블로그를 포스팅하는 것보다 내 블로그를 키우는 게 좋겠다'라는 생각이 들어 블로그 공부를 더 깊이 했다. 블로그를 공부하면서 '글쓰기와 이미지 만드는 것이 중요하다'는 것과 글쓰기와 이미지가 마케팅에 있어 가장 기본임을 깨달았다.

많은 카카오톡 오픈채팅방이 개설되어 마케팅을 가르치고 독서모임, 자기계발 프로그램이 온라인 줌에서 진행되었지만, 컴퓨터에 대해 강의하는 프로그램은 없는 것을 알게 되었다. 무엇보다 마케팅을 하고, 수익화를 하기 위해서는 그 어떤 프로그램보다 컴퓨터를 먼저 알아야 한다.

그 후 오픈채팅방을 개설하여 많은 이에게 컴퓨터 기초, 스마트폰 기초를 강의하기 시작하였다. 지금은 카카오톡 오픈채팅방, 네이버 카페, 블로그, 동영상 강의 사이트를 운영하고 있다. 온라인상에서 홍보, 강의를 하거나 수익화·사업 등을 하기 위해서는 컴퓨터를 기본적으로 알아야 하고 스마트폰 활용법도 알아야 한다.

코로나로 인해 사람들이 모이기가 힘들어져 온라인상에서만 강의하고 있다. 오프라인 모임에서 하는 강의보다 전달력이 떨어져 어려움이 있지만, 인원과 공간에 제한이 없어서 더 많은 이에게 강의를 할 수 있게 되었다. 2021년 1월 14일부터 지금까지(2022년 3월 기준) 매주 목요일 무료특강을 진행하고 있다.

무료특강, 번개특강, 유료강의, 평생회원제도 등 오프라인 모임에서는 상상도 할 수 없는 일들이 온라인에서 이루어지고 있다. 점점 더 발전해가는 전자기기를 잘 사용할 수 있도록 스마트폰기기 전문 강사들을 키워서 많은 사람에게 선한 영향력을 끼치는 것이 그의 목표다.

인생의 중요한 가치가 프로그램이 되다

최덕분 님은 '고마워컴퍼니' 대표, 관계마케팅 전문가, 고마워 디자이너, 고마워 마인드 경영코치다. '고마워'라는 말 한마디로 콘텐츠를 연결하여 고마워 마인드 경영을 돕고 있다. 하루의 시작과 끝에 나와 대화하는 자기경영 루틴 '고마워 감사일기 8기'가 진행 중이다. 또한 자기 사랑 및 성장과 관계회복을 돕고, 모든 경험을 융합하여 만든 핵심 키워드를 콘텐츠로 연결하는 '고마워 프로젝트 9기'를 진행하고 있다.

비대면이 시작되면서 '어떻게 하면 대면에서 진행했던 강의와 상담을 온라인 시장으로 끌어올까?' 계속 고민하고 질문을 던졌다. 온라인에서 10개월 동안 열심히 배우며 관계형성에 집중했고 블로그에 1일 1포스팅을 하며 진정성 있는 댓글을 하루에 4시간 동안 달기도 하면서 6개월 동안 블로그 이웃 수를 1000명 만들었다. 그리고 오픈채팅방을 만들어 100일 동안 고마워 디자이너의 '고마워 편지'를 작성해 존재감을 알렸다. '나는 나에게 고마운 사람'이라는 한 문장으로 비대면 시장에서 자신의 존재감을 마케팅하는 노력에 최선을 다했고 그 결과 '고마워 디자이너'라는 닉네임이 인식되면서 그녀가 알려지기 시작했다. 블로그와 오픈채팅방에서 관계마케팅을 한 덕분에 좋은 일들이 생겨났다.

우선 비대면 시장에서 독서모임인 '고마워 책방 1, 2'기를 모집했는데 곧 마감되었다. 고마워 책방 1, 2기를 진행하면서 15년간 대면 시장에서 쌓아온 경험을 활용했다. 독서모임에 참석한 이들을 위해 1:1 온라인 줌을 통해 고마워 데이트로 코칭을 했다. 다행히 만족감이 높아지면서 오픈채팅방에서 입소문이 났고, 이어서 다른 오픈채팅방으로부터 온라인 강의 의뢰가 들어왔다. 온라인 특강을 하면서 상담 의뢰가 들어오기 시작했는데 그 덕분에 비대면으로 1:1 고마워 데이트를 진행하면서 11개월 동안 800회가 넘는 코칭 및 상담을 실시하였다. 줌으로 진행된 고마워 데이트는 그들의 고민과 문제를 들어주고 해결되도록 도움을 주는 일이었다. 자녀 관계, 부부 관계, 자신과의 관계, 1인 기업가 등의 다양한 사례를 비대면에서 만났다. 소개가 소개로 이루어지고 변화된 사례가 늘어나기 시작하여 현재 100명 넘는 이들에게 도움을 주었다. 고마워 프로젝트 11기도 마감이 된 상태다.

또한 오프라인에서 써왔던 감사 일기를 온라인으로 론칭했다. 하루의 시작과 끝 시간에 나와 대화하는 자기경영 루틴 '고마워 감사 일기'를 매주 월요일 오전과 저녁, 줌에서 나누며 강의와 피드백을 진행한다. 고마워 감사일기 7기에서는 41명과 감사 일기를 진행했다. 비대면 덕분에 독서모임, 감사일기 등 프로젝트가 진행되면서 팬덤이 형성되어 수익 곡선도 상승하고 있다.

책 출간을 기점으로 온라인 브랜딩을 완성하다

이목원 님은 《쫓기지 않는 50대를 사는 법》(델피노, 2021)이라는 제목의 책을 출간했다. 오프라인 행사를 전혀 할 수 없는 상황에서 책 홍보는 가장 큰 과제였다. 그러다 2021년 2월 6일 오프라인 출간기념회 대신 온라인으로 비대면 출간기념회를 개최했다. 4명 이상 모일 수 없는 상황이라 랜선으로 행사를 진행했다.

환영 인사, 내빈 소개, 기념사, 축사, 테이프 커팅식, 기념특강, 저자와의 토크 순으로 진행했다. 오프라인 못지않게 행사 결과는 성공적이었다. 랜선을 통해 참석한 이들에게 책을 알리면서 홍보를 할 수 있었기 때문이다. 책 출간 후 본격적인 온라인 강연에 대비하기 위해 줌 미팅 프로그램을 설치하고 사용법을 배우고 1주일에 한두 번 온라인 줌 미팅으로 강연을 했다. 줌 미팅 덕분에 이후에도 온라인으로 책 출간 홍보를 순조롭게 진행할 수 있었다.

온라인 줌 미팅 프로그램으로 강연만 한 것이 아니라, 스피치 과정 수업도 받았다. 강연할 때 자신감을 갖고 발음을 또박또박 할 수 있는 계기가 되었다. 2021년 3월, 온라인 줌 미팅을 통해 인터뷰를 했는데, 이때 '퍼스널 습관전문가'라는 브랜드가 만들어졌고 생애 최초 프로필 사진도 찍었다. 온라인에서 나를 알리는 기본이 프로필 사진이다. 5월에는 퍼스널 습관 만들기 홍보영상도 찍었다. 누구의 도움 없이 미리캔버스miricanvas 툴을 이용해 혼자서 만들었다. 홍보영상의 성공적인 촬영에 스스로도 놀랐다. 도전하면 뭐든지 할 수 있다는 자신감이 싹튼 것이다.

퍼스널 습관 만들기 4주 과정 강의 프로그램을 만드는 것도 조금은 걱정스러웠지만, 문제될 것이 없다는 생각이 컸다. 습관 관련 책 수십 권을 섭렵해서 읽었는데 이 책들은 4주 과정 습관 만들기 콘텐츠를 만드는 데 결정적인 역할을 해주었다. 4주간 실시하는 퍼스널 습관 만들기 각 과정도 오프라인 못지않게 강연 만족도가 높았다.

강연 자료와 홍보 포스터는 대부분 미리캔버스를 이용해서 만들었다. 그동안 많은 비대면 강연을 통해 미리캔버스 다루는 기술이 남달리 향상된 것도 큰 성과였다. 비대면 세상에서 무엇보다 가장 큰 성과는 성장하는 사람들과 인연을 맺은 것이다. 그 인연을 통해 앞으로 더 크게 성장할 것을 확신한다.

하나씩 배워가면서
결국 오프모임을 온라인으로 옮겨오다

백경혜 님은 미국주식 실행 독서모임 '백만나비' 운영자다. 미국주식 투자에 대해 관심이 있지만 어디서부터 어떻게 시작해야 할지 모르는 사람이 많다. 주식은 공부만 한다고 되는 것이 아니라 실전 경험을 통해 알아가는 부분이 크기 때문에 체계적으로 공부해서 접근하지 않으면 큰 손실을 보기 쉽다.

주위에 주식이나 돈을 공부하는 모임은 적지 않게 찾아볼 수 있지만 실행할 수 있도록 현실적인 도움을 주는 프로그램이 많지 않음을 깨닫고 실행 독서모임 백만나비에서는 평범한 가정주부나 직장인도 쉽고 편안하게 투자하면서 경제적 자유를 이룰 수 있도록 도와주는 실전강의 프로그램을 론칭해야겠다고 생각했다.

오프라인에서 비대면으로 운영하던 독서프로그램을 온라인으로 옮기려고 하니 새롭게 배워야 할 것이 많았다. 현재 온라인상에서 활발하게 활동하고 있는 사람들의 방법들을 알아보고 자신의 색깔을 입히기로 했다. 온라인에 자신의 존재를 알려야 한다는 생각에 블로그를 배우고 포스팅하면서 이웃을 만들고 관계를 만들었다.

사진 찍는 것도 연습이 필요했고 동영상 찍고 편집하는 법, 섬네일 만드는 법까지 하나하나 닥치는 대로 배우면서 실행해갔다. 또한 관계와 소통을 위해 오픈채팅방을 만들고 이 콘텐츠를 필요로 하는 사람들을 모았다. 콘텐츠의 성격상 다른 오픈채팅방과는 차별화해서 운영하고 있다. 관심사가 비슷한 사람들에게 여러 가지 콘텐츠를 소개하는 방식이 아니라 미국주식이라는 확실한 목적성을 가진 사람들에게 그에 특화된 정보만 차별적으로 제공하면서 운영한다. 인원이 급격하게 늘지는 않지만 유료회원과 '찐팬'의 비중은 단연 압도적이다.

비대면 강의 프로그램 중 줌을 사용하고 있고 노션과 씽크와이즈, 파워포인트, 구글, 크롬, 유튜브 등을 배우고 적용해가며 오프라인에서는 구현하지 못했던 체계적이고 효율적인 자동화 시스템을 만들어가는 중이다. 비대면 프로그램은 시간과 장소에 구애받지 않는다는 것이 가장 큰 장점이다. 오프라인 수업은 언제나 정해진 시간, 정해진 장소에서 진행해야 하지만, 비대면이라면 언제 어디서나 노트북 하나만 있으면 된다. 덕분에 하루에 서너 시간만 일해도 이전보다 훨씬 많은 수익이 난다.

5

온라인 클래스를
시작하는 마인드

디지털 시대로 변화가 가속화되고, 코로나 이후로 대격변이 일어나고 있다. 이 험난한 파고를 넘어 어떻게 생존할 것인지가 뜨거운이슈다. 사상 초유의 위기를 극복하고 성장할 방법은 없을까? 글로벌 대기업 마이크로소프트는 기존의 성장 방식이 아닌 함께 성장하는 방식을 찾기 위해 선문답에 가까운 추상적인 화두를 던졌다.

"당신이 다른 이들의 성공을 위해 기여한 바는 무엇인가요?"

마이크로소프트에서 팀 리더나 임원뿐만 아니라 모든 직원이 반드시 대답해야 할 질문이라고 한다. 마이크로소프트 이소영 이사의책 《당신은 다른 사람의 성공에 기여한 적 있는가?》(퍼블리온, 2021)

라는 제목과 '대전환 시대의 새로운 성장 방정식, 파트너십'이라는 부제로 일반 대중에게 알려진 질문이다. 유수 글로벌 대기업의 직원이 답변해야 할 이 질문은, 1인 지식 크리에이터를 지향하는 사람이라면 자기 자신에게 던져야 할 질문이기도 하다.

일단 이 질문을 받으면 누구나 당황할 수밖에 없다. 무엇을 어떻게 기여해야 하는지 그 범위나 목표가 정해져 있지 않기 때문이다. 개인의 성과는 회사의 크고 대담한 목표와 팀의 우선순위에 따라 어느 정도 가늠해볼 수 있다. 하지만 다른 사람 혹은 연관 팀의 성공을 위해 자신이 무엇을 기여할 수 있는지는 막연해서 명확한 답변을 하기 어렵다. 팀 단위 이상의 리더의 위치에 올라 다른 사람을 이끌어본 경험이 없다면, 이런 질문을 받아본 적도 진지하게 생각해볼 기회도 없었기 때문일 것이다.

그런데도 마이크로소프트 직원들은 이 추상적인 질문에 답변하려는 노력 덕분에, 동료들과 유연하고 탄탄한 파트너십을 만들고 이를 통해 자신의 성과를 향상시키면서 타인의 성공에도 기여하는 방법을 자연스럽게 터득하게 되었다고 한다.

1인 지식 크리에이터도 표면상 1인일 뿐 자신의 경험과 지식, 재능을 기반으로 독자나 고객의 고민을 해결할 수 있는 콘텐츠나 솔루션을 제공하는 리더의 역할을 수행한다. 그래서 "당신은 다른 사람의 성공에 기여한 적 있는가?"라는 질문을 스스로에게 하고 답변도 스스로 찾으면서 독자나 고객의 고민과 문제를 해결하고 성공할 수 있도록 해야 한다.

1인 지식 크리에이터는 스스로 배우고 나누려는 성장 마인드와 파트너십을 기반으로 독자와 고객과 함께 현재의 위기를 극복하고 성장할 수 있다. 서로의 성장을 돕고 궁극적으로 한 차원 더 성장하는 관계 맺기를 통해 동반성장하는 것이다.

"혼자 가면 빨리 갈 수 있지만 함께 가면 더 멀리 갈 수 있다."

경쟁이 아닌 화합의 힘을 표현한 말 중 이보다 더 강력한 말은 없을 것이다. 함께 갈 때 성공을 향해 걷는 길이 외롭지 않을 수 있으며, 함께 가는 것이 더 오래 지속가능한 온라인 콘텐츠 비즈니스 성공법칙이라고 생각한다.

온라인 콘텐츠 비즈니스 성패를 좌우하는 키워드는 성장과 기여와 헌신이다. 다른 사람을 성공하게 해야 내가 성공하는 원리가 작용하는 비즈니스 세계다. 지금까지 다른 사람보다 내가 더 빛나야 성공할 수 있다고 생각했다면, 이제 세상을 바라보는 새로운 관점을 가지고 온라인 콘텐츠 비즈니스에 접근해야 한다.

누구에게나
팔 수 있는 지식과
재능은 있다

1

나만의 콘텐츠 찾기
– 쓸모없는 경험은 없다

▶

막상 온라인 비즈니스를 시작하려고 해도 나만의 콘텐츠를 찾지 못한다면 그 무엇도 시도하기 어려울 것이다. 가장 중요하면서도 실행하기 어려운 것이 나만의 콘텐츠를 정립하는 것이다.

필자에게는 온라인 교육 시장에서 15년간 수학을 강의한 경력이 있었지만, 수학이라는 콘텐츠를 빼고 할 수 있는 이야기가 무엇일지 몰라, 너무 막연해서 스스로 한없이 작아지고 앞이 보이지 않았다. 엄마로서 자녀교육 이야기를 풀어놓아야 할까? 사람의 마음을 여는 감성 리더십 이야기를 해볼까? 지금까지 겪은 경험을 무시한 채 새로운 것에서 무언가를 찾으려고 하니 마치 강사 생활을 처음 시작할 때의 기분이 들고 막 회사에 들어간 신입사원이 된 듯했다. 그러나 그 시간은 나 자신을 다시금 돌아보는 기회의 시간이 되었다.

아무짝에도 쓸모없는 경험은 없다

> 당신의 현재는 알 수 없으나 어느 미래랑 연결되어 있다. 내가 만약 리드대학을 중퇴하고 타이포(Typo) 수업을 듣지 않았다면 매킨토시의 개인용 컴퓨터에는 멋진 타이포그래피가 없었을 것이다. 타이포(Typo) 서체 수업을 들었던 바로 그 순간 매킨토시와 창조적인 접점(Connecting the dots)이 생긴 것이다. 현재 하는 일이 미래에 창조적인 접점으로 연결되어 있다고 의식하면서 사는 사람과 관성대로 사는 사람과는 결과가 다를 수밖에 없다.
>
> _스티브 잡스, 스탠퍼드대학 졸업 축하연설 중

"Connecting the dots."

고(故) 스티브 잡스가 스탠퍼드대학교 졸업 축하연설에서 한 말이다. 점이 모여 선이 되듯이, 과거에 경험한 일들이 이어져 현재를 만들어간다는 의미다. 지금의 나를 돌아보면, 과거의 경험 하나하나가 연결된 결과임이 분명하다. 마찬가지로 과거의 경험과 현재의 관심사를 연결하면 미래를 설계할 수 있다는 의미다.

인생 전체 관점에서 한 단계 내려와 과거의 경험과 현재의 관심사를 결합하여 자신만의 차별화된 콘텐츠를 발견하고 구축한다는 관점에서 접근할 수도 있다. 아래에 제시하는 단계를 따라가다 보면 자신의 콘텐츠에 대한 실마리를 잡을 수 있다.

나만의 콘텐츠 찾는 방법

첫 번째 단계, 우선 자신이 지금까지 배우거나 경험한 내용을 적어보라. 그냥 지나칠 수 있는 사소한 경험도 좋다. 직접 선택한 자발적인 경험에 집중해서 찾아보는 게 더 좋다.

두 번째 단계, 그 경험을 유형으로 분류한다면 어느 영역에 속하는지 개략적인 기준으로 분류해보라. 예를 들어 취미, 일, 학습, 예술, 창작, 투자 등 큰 틀에서 키워드로 구분해보자.

세 번째 단계, 개별 경험들은 당신이 스스로 선택한 것이니 이제 그 경험을 선택한 이유가 무엇인지 세세하게 떠올려보라. 기억이 선명하지 않으면 과거 앨범이나 일기장을 펼쳐보더라도, 그 경험을 선택한 이유를 반드시 글로 써보라.

마지막 단계, 쓸모없는 경험은 없다는 생각으로 자신이 그 경험을 선택함으로써 얻게 된 깨달음, 노하우나 능력 등이 있다면 글로 적어보라.

필자의 사례를 들어보겠다.

● 사례 1

　 － 분류 기준 : 학습

　 － 경험하게 된 이유 : 수업 시간에 유일하게 흥미가 있는 과목이라서

- 깨달음 혹은 노하우 : 수학 문제를 금세 풀고 친구들에게 쉽게 설명할 수 있는 능력 발견
- Connecting the Dots : EBS 수학 전문 강의

● 사례 2

- 분류 기준 : 말(스피치)
- 경험하게 된 이유 : 자기계발 분야에 진출해서 남들과 다른 독서모임을 만들어보자
- 깨달음 혹은 노하우 : 말로만 하는 독서 토론이 아닌 실행력을 높이는 동기부여 능력 발견
- Connecting the Dots : 실행 독서모임 외 스타 브랜딩 과정 기획 및 오픈

또 다른 관점에서 필자가 추천하는 나의 콘텐츠가 무엇인지 찾는 가장 쉬운 방법은 이렇다.

1. 작게 나누어 생각해보기

지금까지 내가 해왔던 일들을 잘게 쪼개서 기록해보자. 마치 일과를 모두 계획해보는 to-do list를 작성하듯 쓰다 보면 내가 어떤 일을 하며 하루를 보냈는지 구분이 되는 것처럼 내 인생에서 그동안

해온 일들이 명료하게 정리가 될 것이다.

필자의 경우 대부분 강의를 기획하고 특강이나 이벤트를 기획하여 구상한다. 또 그것을 촬영하고 나머지 시간에는 질문과 답변을 관리하는 것이 일상이었다. 이러한 분석을 통해 내가 어떤 과정을 거쳐 이 많은 경력, 결과를 이끌어냈는지 알게 되었다.

연도	직업	했던 일
2002~2005	사회자	돌잡이 등 행사 사회(대학 아르바이트)
2005~2005	상품 판매원	백화점, 마트 이벤트 상품 판매(대학 아르바이트)
2006~2007	학원 수학강사	초 · 중 · 고 수학 강의
2007~2008	온라인교육 기획자	강사 섭외와 교육, 교육 기획, 이벤트 기획
2008~2022	온라인 강사	강의 촬영, 문제집 집필
2015~2022	학원 원장	학원 운영, 수업, 학부모 상담
2017~2022	동기부여 강사	학생, 학부모, 청년 동기부여 강의
2019~2022	퍼스널 브랜딩 회사 대표	영상 제작, 촬영, 기획, 동기부여, 프로그램 기획
2019~2022	온라인 클래스 전문가	퍼스널 브랜딩, 1인 기업 대상 브랜드 강의 촬영
2020~2022	작가	기획, 글쓰기, 마케팅
2021~2022	강점 코치	강점진단, 코칭

2. 작게 하는 일들로 무엇을 할 수 있을지 연결해보기

하루아침에 화려하고 거창한 일을 뚝딱 해내는 것이 아니라, 소소하지만 내가 할 수 있는 일을 하는 것이 중요하다. 특히나 처음에는

'하고 싶은 일'이 아닌 '할 수 있는 일'들로 시작하는 것이 현명한 방법이다. 지금 본인이 하는 일들에서 실마리를 찾기 바란다.

경력이 많은 사람일수록 오히려 콘텐츠를 더 명확하게 찾기 어려울 수 있다. 그러므로 지금 당장 내가 시작할 수 있는 것이 나의 성공의 초석이 될 것이다. 그것이 끝이 아니라 시작이라는 것을 꼭 기억하자. 모든 것이 준비된 완벽하고 멋진 시작은 없다. 작은 것부터 시작하는 것이 나만의 완벽한 콘텐츠로 가기 위한 가장 큰 핵심이라는 것을 기억하자.

직업	했던 일	했던 일 바탕으로 할 수 있는 일
사회자	돌잡이 등 행사 사회	사회자, 진행자
상품 판매원	백화점, 마트 이벤트 상품 판매	세일즈, 마케팅 전문가
학원 수학강사	초·중·고 수학 강의	학부모 교육, 상담, 청소년 상담가
온라인교육 기획자	강사 섭외와 교육, 교육기획, 이벤트 기획	프로그램 기획, 온라인 클래스 오픈, 강사 섭외, 영상 제작, 퍼스널 브랜딩 전문가
온라인 강사	강의 촬영, 문제집 집필	강의, 영상 촬영 코칭, 기획영상 제작, 교육영상 제작, 퍼스널 브랜딩 전문가
학원 원장	학원 운영, 수업, 학부모 상담	교육사업 확장

3. 벤치마킹하기

다른 누군가가 하는 것이라도 내가 하면 나만의 콘텐츠가 된다. 벤치마킹이란 누군가의 것을 그대로 따라 하라는 것이 아니다. 다른 이의 것을 참고해 나의 색을 입히고 업그레이드하는 것이다. 누구나 하는 것에 나만의 색이 입혀져 또 다른 메시지가 된다.

앞서 나아간 사람들과 비교하지 말자. 비교를 멈추고 겸허하게 배우는 시간을 갖자. 배움의 시간이 필요함을 인정하자. 성공하고 앞서 나아간 사람들의 콘텐츠의 내용만 보지 말고 그들이 콘텐츠를 어떻게 이끌어가며 어떠한 내면을 바탕으로 일에 임하는지 관찰해보자. 즉, 그들의 태도를 봐야 한다는 것이다. 기술과 방법은 언제든 익히면 된다.

필자 또한 1인 기업의 일을 시작할 때 1인 기업 멘토 김형환 교수님에게 배웠다. 그분의 강의 스킬과 내용, 교안보다 더 근본적인 성공 노하우를 벤치마킹했다. 그 핵심은 사람들을 대하는 훌륭한 태도와 일에 대한 사명감이었다. 단순한 스킬은 누구나 따라할 수 있지만, 이면에 있는 그 사람의 진정한 성공 포인트를 보는 눈을 가진다면 훌륭한 벤치마킹이 될 것이다.

했던 일 바탕으로 할 수 있는 일	벤치마킹할 수 있는 비즈니스
온라인 클래스 기획	mkyu, 클래스101, 탈잉, 세바시 대학 등
상담 및 코칭	김형환 교수의 1인 기업, 송수용 대표의 DID 강연 코칭, 박세니 전문가의 심리상담

[실천하기]

1. 작게 나누어 생각해보기

연도	직업	했던 일

2. 작게 하는 일들로 무엇을 할 수 있을지 연결해보기

했던 일	했던 일 바탕으로 할 수 있는 일

3. 벤치마킹하기

했던 일 바탕으로 할 수 있는 일	벤치마킹할 수 있는 비즈니스

콘텐츠를 찾기 위한
자기 탐구와 질문의 힘

나만의 콘텐츠가 보이지 않는다고 하더라도 너무 걱정하지 말자. 당장 뭔가 시작할 수 있다. 여러 콘텐츠를 소개하거나 그것을 설명해주는 것도 가능하다. 진정으로 콘텐츠가 없어서 못 하는 것인지 하지 않는 것인지 생각해보자. 수정이 가능하다면 시작하지 않을 이유가 없지 않은가. 일단 만들고 수정하면 된다. 완전 새로운 것을 만들어내기란 하늘에서 별 따기와 같다.

이제는 '평생직장'이 사라진 시대다. 나만의 일을 만들어가야 한다는 말이다. 급변하는 불확실한 시대에 나만의 지도를 그리는 것이 중요하다. 내가 할 수 있는 일을 해 나가다 보면 하고 싶은 일을 할 기회가 반드시 온다. 필자가 할 수 있는 일은 강의 촬영을 잘하는 방법을 알려주는 것이었고 그것을 통해 하고 싶었던 일들로 확장되기 시작했다. 단순한 촬영에서 끝나는 것이 아닌 한 사람을 성장시키고 성공시켜 브랜딩하고 수익화로 연결해주는 일까지 할 수 있게 된 것이다. 그러다 보니 필자의 코칭을 받은 사람들이 명확하고 분명한 결과를 만들어냈고, 그것을 본 다른 사람들까지 필자를 찾는 신기한 일들이 연이어 일어나고 있다.

수학 강의 외에 필자가 할 수 있는 일을 드디어 찾은 것이다. 다른 사람을 성장시키는 일은 정말 뿌듯하고 영감을 얻을 수 있는 일이다. 이제야 나를 위한 것보다는 남을 위한 삶이 더 멋지다는 것을 깨닫게 되었다. 본인이 했던 일들을 세밀하게 살펴보자. 그 안에 정답이 있다.

무엇보다 일단 '시작'이 중요하다. 1인 지식 비즈니스를 시작하면서 이 일이 비즈니스라는 생각을 하며 전략적으로 접근한 것이 아니라 피상적으로 막연하게 접근하였다. 일단 급한 마음에 무엇이든 시작하고 싶은 생각만 가득했고 기존에 일하던 틀을 벗어나 더 큰 세상으로 나오고 싶었다.

콘텐츠가 명확하지 않았고 오로지 할 수 있는 것이 행동밖에 없었다. 목적지로 가야 하는데 내비게이션 없이 열심히 운전만 하는 사람처럼 열심히 여기저기를 헤맸다. 그렇게 고군분투하며 중요한 것을 깨달았는데, 완벽한 콘텐츠를 가지고 시작할 수 없다는 것이었다. 어찌 되었든 시작을 해야 결국 내가 무엇을 할 수 있는지, 무엇을 해야 하는지, 어디로 가야 하는지 알 수 있다.

지식 비즈니스는 거창한 것이 아니다. 당장 필요한 것은 컴퓨터 하나다. 무자본으로 시작할 수 있으므로 불안함과 초조함보다 더 큰 기대와 전략을 세우는 것이 가능하다. 재능과 지식을 활용한 지식 창업이나 소규모 비즈니스에 주목하자는 것이다. 모든 사람이 도전할 수 있고 당장 시작할 수 있다. 또한 실패에 대비하기도 쉬우므로 고민만 하는 많은 사람에게 용기를 내어 시작해보라고 추천한다.

콘텐츠를 찾기 위한 자기 탐구와 질문의 힘

"정말 중요한 질문은 자기 자신에게 하는 질문이다."
– 우드슐라 K.르긴

온라인 지식 콘텐츠 크리에이터라면 3가지 요소로 자신만의 1인 기업체계를 구축해야 한다. 철저한 자기 탐구와 이를 기반으로 한 콘텐츠 구축, 그리고 콘텐츠를 활용하여 자신만의 온라인 비즈니스 모델을 확장하는 것이다.

지식 콘텐츠 크리에이터는 자신이 좋아하고 익숙하게 잘하는 것을 온라인 비즈니스로 만들어 세월의 흐름과 관계없이 영속 기업의 비전을 이룰 수 있는 직업이다. 몇 년만 하고 그만둘 게 아니므로 철저한 자기 탐구가 전제되어야 한다. 그렇게 해야 자신만의 독특한 콘텐츠를 만들 수 있다. 또한 여기에 브랜딩이 덧입혀지면 온라인 비즈니스 모델을 구축하고 확대할 수 있다.

온라인 지식 콘텐츠 크리에이터로서 자기 탐구가 필요한 이유는, 자기 탐구 없는 콘텐츠는 지속가능성이 없기 때문이다. 일반 기업이든 1인 기업이든 규모에 관계없이 가장 주요한 속성은 지속가능성이다. 자신이 시간 가는 줄 모를 정도로 좋아하는 일과 기간에 크게 매이지 않고 성과와 연결되는 일을 찾기 위해서는 자신에 대한 진지한 고찰이 필요하다.

소유냐 존재냐 하는 정도의 철학적 고찰까지는 아니더라도 자신이 누구이며, 삶의 목적은 무엇인지, 살아가면서 추구하는 핵심 가치는 무엇인지에 대한 근원적인 질문을 던지고 스스로 답을 구해야 한다. 그 일련의 과정이 자기 탐구다.

앞서 언급한 것처럼 자기 탐구 질문의 목표는 철학적인 사유나 답변이 아니다. 자기 탐구를 통해 얻고자 하는 것은 자신의 정체성 Identity, 즉 나다움을 반영한 콘텐츠의 단서를 발견하고 차별화된 콘텐츠를 구축하는 데 있음을 잊지 말라.

자기 탐구를 위한 여러 가지 방법론 중 하나가 나다움을 찾기 위한 질문지를 활용하는 것이다.

자신만의 콘텐츠를 만들기 전 나다움을 찾기 위한 질문 리스트에 스스로 답해보자. 이후 소개되는 질문 패키지는 강점 브랜딩 일대일 코칭 시, 활용하는 질문지에 일부 질문을 추가한 것으로 그 효과가 검증된 리스트임을 미리 밝혀둔다.

[실천하기]

◀나다움을 찾기 위한 질문▶

항목	답변
1. 내 삶에서 가장 중요한 것은?	
2. 지금 내가 가장 이루고 싶은 것은?	
3. 지금 가장 내 마음을 움직이는 것은?	
4. 나의 열정이 느껴질 때는?	
5. 나를 가장 잘 표현하는 3가지 단어는?	
작성 후 나의 느낌 및 떠오르는 생각이나 통찰을 적습니다. 공통점과 새롭게 발견한 것을 적어봅니다.	

다음은 지나온 과거의 행적을 반추함으로써 자신을 탐구하고 콘텐츠의 단서를 찾는 질문이다.

◀경험에서 찾는 나만의 스토리▶

항목	답변
1. 가장 슬프거나 힘들었을 때 극복 스토리	
2. 가장 기쁨을 느낀 적은?	
3. 평소에 내가 자주 말하는 것이나 지켜야 한다고 생각하는 것은?	
4. 지금 함께하고 싶은 사람들 중 생각나는 5명은? 그 이유는?	
5. 내가 과거에 가장 감명 있게 읽은 책이나 감동 받은 영화는?	
작성 후 느낌 및 떠오르는 생각이나 통찰을 적습니다. 공통점과 새롭게 발견한 것을 적어봅니다.	

다음으로 내 인생의 롤모델이 될 만한 인물들을 찾아보고 본받고 싶은 그들의 속성을 정리함으로써 자신을 돌아보고 콘텐츠에 대한 실마리를 찾아보는 질문 리스트다.

◀멘토 벤치마킹하기▶

항목	답변
1. 지금 가장 부러운 사람은?	
2. 내가 따르고 싶은 사람들의 모습에서 가장 닮고 싶은 부분은?	
3. 닮고 싶은 부분과 나의 강점을 섞어본다면 어떤 것이 있을까?	
4. 내가 쓰고 싶은 책은? 책 제목은?	
5. 다시 태어난다면 어느 시대, 어떤 인물로 살아보고 싶은가?	
작성 후 나의 느낌 및 떠오르는 생각이나 통찰을 적습니다. 공통점과 새롭게 발견한 것을 적어봅니다.	

강점 브랜딩
프로세스

"당신의 강점은 무엇인가?"라는 질문을 받았을 때 주저 없이 바로 답변할 수 있는 사람이 몇이나 될까? 자신의 심리적·성격적 특성의 강점을 말할 수 있는 사람은 소수에 불과할 것이다.

반대로 "당신의 약점은 무엇인가?"라는 질문에는 더 많은 답변이 나온다. 자신의 강점을 강화하기보다는 약점을 보완하라는 피드백을 받는 환경에 노출되어서 그렇다. 그 영향으로 강점보다는 약점을 상대적으로 많이 의식하면서 살아왔기 때문이다.

우리가 비슷한 개념이라고 오해하는 장점과 강점의 차이점은 무엇일까? 장점과 강점은 사전적 의미로도 개념이 다르다. 네이버 어학 사전에서 강점은 '남보다 우세하거나 더 뛰어난 점'으로 정의한다. 반면 장점은 '좋거나 잘하거나 긍정적인 점'으로 기술되어 있다. 강점은 경쟁 상대를 상정하고 있다는 측면에서 혼자서도 좋고 잘할 수 있는 장점과는 사뭇 다르다. 경쟁 상황에서 자신이 원하는 바를 획득하기 위해 자신만이 가진 뭔가Something Special 를 찾기 위해서는 장점보다는 강점에 대한 진지한 고찰이 필요하다.

강점이 자기계발 관련 책이나 강의, 취업 시 자기소개서에 자주 언급되는 용어이므로 자신의 강점을 찾기가 쉬워 보일 수 있다. 하지만 필자가 강점 기반 브랜딩 강의와 일대일 컨설팅을 진행하면서 겪어본 바로는 "글쎄요, 제 강점이요?"라며 자신의 강점을 자신 있게 답하는 사람은 많지 않았다. 자기 자신에 대해 깊이 생각할 기회가 거의 없어서 자신의 심리적·성격적 특징을 정의하는 것이 생각만큼 쉽지 않다는 반증이다.

강점은 크게 드러나는 외견상 강점과 아직 드러나지 않은 내면상 강점으로 구분할 수 있다. 외견상 강점이라고 해서 훤칠한 신장과 중저음의 매력적인 보이스나 근사한 외모만을 일컫는 것은 아니다. 다른 사람을 편안하게 해주고 신뢰를 주는 속성과 관련된 내용이다. 볼수록 매력적인 인상이나 온화한 미소로 악수할 때 느껴지는 편안함과 신뢰감 같은 것이다. 이런 외적인 강점을 제외한 나머지 요소들이 내적인 강점들이다.

강점을 고찰할 때 머릿속에 어렴풋하게 떠오르는 것보다는 소소

하더라도 성과를 창출하는 데 연계되거나 기여한 강점을 발견하고 찾는 것이 중요하다. 최근 3~5년 동안 일상생활에서 긍정적인 결과를 낸 일이나 사례 리스트를 작성해보는 데서부터 출발하라. 시작이 반이다. 백지에 혼자만 알아볼 수 있는 글씨체라도 좋으니 긍정적인 결과를 낸 목록을 적어 내려가라.

조직에 몸 담고 있는 사람이라면 최근 3~5년 동안 팀의 성과에 기여한 자신의 사례와 업무 세부 리스트 작성을 추천한다. 당시 담당했던 직무와 당신의 역할, 성과를 냈던 프로젝트 명칭도 함께 기입하면 좋다.

스스로 강점을 발견하는 방법

강점을 찾는 또 다른 방법으로 당신에 대한 타인들의 느낌이나 의견을 참조하여 자신만의 강점을 찾고 정리하는 방식이 있다.

먼저 카카오톡 메신저나 문자 메시지로 "귀하가 보시기에 제 강점이 뭐라고 생각하시나요? 제가 그 강점으로 성과를 냈던 당시 제가 했던 일이나 맡았던 프로젝트, 제 행동이나 태도가 어떠했는지 구체적으로 말씀해주시기 바랍니다"처럼 질문하면 된다. 답변해주는 사람들이 다양할수록 자기 자신을 폭넓고 심도 있게 이해할 수 있다.

다음 단계는 주변 사람들의 회신을 모두 받으면 답변 내용을 분석하고 공통 요소나 당신이 가능한 해석으로 유형화해서 그 내용을 간단한 도식이나 표로 정리하는 것이다. 당신이 까마득하게 잊고 살았던 일이나 사연들을 다른 사람들은 또렷하게 기억하고 있다는 점에 감동받거나 놀랄 수도 있다.

그다음 단계로 강점에 대한 회신을 받은 공통 키워드나 소주제를 하나로 엮어서 당신의 강점을 반영한 짧은 글로 써보는 것이다. 자신의 외적·내적인 컨디션이 최고의 상태일 때를 그려보며 "나 장이지는~"과 같은 문구로 시작하여 2~5문단을 작성하면 된다. 2~5문단 외에도 관련된 사진이나 후기를 덧붙이면 더 효과적이다.

생각나는 대로 써 내려가는 수필 형식으로 쓰는 이유는 예전에는 동떨어진 사안이나 이슈로 비추어졌던 다양한 강점의 키워드나 소주제들을 서로 연계시킬 수 있기 때문이다. 그런 과정을 통해 당신은 감정의 카타르시스를 체험하게 된다. 당신의 삶에서 중요한 비중을 차지하고 있는 사람들의 관심과 인정을 받는 또 다른 기회가 될 수 있기 때문이다.

마지막으로 지금까지의 과정을 통해 발견한 자신의 강점에 중점을 두어 자신을 브랜딩할 수 있는 키워드를 추출하고 자신만의 지식 콘텐츠 개요를 설계해보는 것이다. 진정한 행복은 강점을 찾고, 그것을 개인의 일상과 1인 기업이나 조직 생활 속에서 활용하여 성공하는 것이기 때문이다.

자신의 강점을 반영한 수필 예시

●예시 1

나 장이지는 기획력과 공감력이 탁월한 사람으로 지난 15년간 기획자와 강사 경험을 바탕으로 자신만의 콘텐츠를 발견하고 정리하여 온라인 클래스를 기획하고 오픈하였고, 수익화하고 싶은 사람을 코칭하여 최상의 성공사례를 만들어냈다. 브랜딩 스타에 참가한 참가자들의 후기를 보면 탁월한 기획력을 칭찬하는 긍정적인 피드백이 많다.

●예시 2

나 장이지는 지식을 쉽고 명확하게 전달할 수 있는 사람으로서, 지난 15년간 온라인 수학 강사로 활동하며 핵심 원리를 효과적으로 전달하는 강의를 했다. 내 강의를 수강한 학생들이 쉽게 수학을 공부하면서, 포기하지 않고 희망을 가질 수 있게 하였고 결과적으로 좋은 점수를 받아 자신들이 원하는 상위권 대학에 진학함으로써 각자의 소중한 인생의 꿈을 이루는 데 기여하였다.

어렵게 자신의 강점을 찾았다 해도 내 삶과 일과 어떻게 연결시켜야 할지 고민이 될 것이다. 업무적 성과를 높이는 것뿐 아니라 자신의 직업에서, 1인 기업가로 혹은 지식 콘텐츠 크리에이터로서 독보적인 브랜드로 성장하고 싶은가?

당신의 그런 고민을 해결하기 위해서 브랜드라는 추상적 개념을 손에 잡히게 풀어줄 강점 기반 브랜딩이 기획되었다. 당신과 비슷한 이슈를 갖고 있는 이들이 강점 기반 브랜딩 과정에 참여하여 자신의 강점을 발견하고 퍼스널 브랜딩과 연계하여 진화하고 성장 중이다.

개인이 자기다움과 탁월성을 발견하고 개발하도록 돕고, 나아가 자신만의 비즈니스에서 성과 창출 모드로 성공적인 삶을 살 수 있도록 강점 기반 브랜딩 온라인 라이브 줌 강의 후 1대1로 개별 코칭하고 있다.

강점을 브랜드로 발전시키기 위한 과정에서 답이 필요한 질문 패키지들을 살펴보고 강점 기반 브랜딩 과정을 포함해서 자신의 강점을 필살기 삼아 브랜드가 된 생생한 사례를 살펴보겠다. 강점을 기반으로 가장 자기다운 모습의 브랜드가 되고 싶다면 주목하자.

어떤 이는 조직에서 자신의 강점을 개발하여 업무 성과로 연결하기도 했다. 또 다른 이는 강점과 관심 주제를 결합하여 킬러 콘텐츠를 만들고 셀프 브랜딩과 수익화로 연결시켰다.

자신의 강점을 잘 알고 있다는 것은 어떤 주제를 자기만의 방식으로 성공시키는 방법을 알고 있다는 것이다. 나의 강점을 관심 주제와 결합하여 차별화된 콘텐츠를 발견할 수 있다.

퍼스널 브랜딩의 시작은 나만의 킬러 콘텐츠를 찾는 것부터 시작된다. 경쟁력 있는 킬러 콘텐츠는 바깥에서 찾을 수 없다. 내 안에 이미 가지고 있는 강점부터 발견해야 한다. 블로그, 브런치, 유튜브는 콘텐츠를 담는 그릇일 뿐이다. 어떤 주제로 시작해야 할지 모르겠다면 내가 좋아하고 잘하는 강점부터 제대로 들여다볼 필요가 있다.

'내가 누구인가'를 아는 것이 가장 중요하다. 막연하게 나는 이러이러한 사람이라고 하는 것이 아니라, 강점을 추출하여 스토리텔링 형식으로 내가 누군지를 알 수 있게 브랜딩해야 한다. 내가 가진 강점이 어떤 분야·주제에 더욱 부합하는지 확인해보고 재능과 맞는 분야·주제로 콘텐츠를 발견하고 사람들에게 도움을 줄 수 있는 가치 있는 것으로 발전시켜야 한다. 내가 겪어왔던 경험을 써보고 그 경험이 어떤 핵심역량과 부합하는지 추출하는 과정이 필요하다.

강점 브랜딩 핵심 프로세스

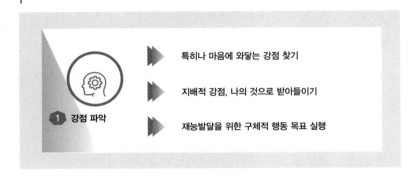

1 강점 파악

특허나 마음에 와닿는 강점 찾기

지배적 강점, 나의 것으로 받아들이기

재능발달을 위한 구체적 행동 목표 실행

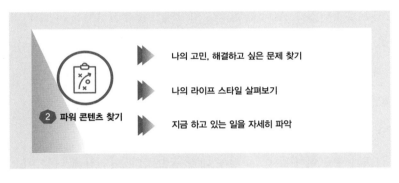

2 파워 콘텐츠 찾기

나의 고민, 해결하고 싶은 문제 찾기

나의 라이프 스타일 살펴보기

지금 하고 있는 일을 자세히 파악

3 가치로 브랜딩하기

사람들에게 주는 나만의 가치

진짜 도움을 주고 싶은 것 알리기

보이고 싶은 모습 떠올리기

강점 발견과 활용 사례

필자는 갤럽 강점 진단에서 나오는 5개 강점을 교육과정에 연계해 개설했다.

> "대부분의 사람은 자신이 무엇을 잘하는지 안다고 생각하지만, 대개 경우에는 잘 알지 못한다. 강점이 우리가 하는 모든 행동의 기반이 되는데도 말이다."

21세기의 가장 위대한 경영 컨설턴트인 피터 드러커의 강점 발견과 활용의 중요성에 관한 통찰이 담긴 어록이다.

강점을 발견하여 활용하기 위해서 우선 자기 분석Self Analysis 을 해야 한다. Reality(현재 나의 스펙, 역량, 스토리)와 Image(남들에게 인식된 현재 나의 이미지), Identity(남들이 나를 어떻게 인식하면 좋을지)를 생각하고 정리하고 테스트해보는 것이다. 이런 과정을 통해 내가 강조하고 활용하고 싶은 핵심역량과 연계된 개략적인 콘텐츠 콘셉트와 분야·주제를 찾아낼 수 있다.

자기 분석Self Analysis 은 자문자답하며 진행하는 방식도 있지만, 전문기관의 조사 결과를 바탕으로 자신의 강점을 발견하고 발전시켜 나가는 방식도 있다. 갤럽 강점 진단을 통해 정리한 필자의 탑5 강점을 공개한다.

장이지의 **탑5 강점 공개**

미래지향	최상화	사교성	공감	긍정
비즈니스 모델과 비전제시에 유리	성과를 내기 위한 아이디어와 실행에 유리	새로운 사람들과 만남을 즐긴다	사람들을 코칭하거나 컨설팅할 때 유리하다	미래지향을 끌고 갈 동력이 되고 좋은 에너지를 나누는 것이 가능

나의 강점을 관심 주제와 결합하여 차별화된 핵심 콘텐츠를 발견하고 오픈하여 6개월 정도의 비교적 짧은 기간에 월 2천만 원 이상의 성과를 달성했다. 여러 가지 성공 요인이 있겠지만, 필자의 강점과 연계된 파워 콘텐츠를 찾아 조기에 실행한 것이 가장 크다고 생각한다.

제1 강점인 미래 지향을 십분 활용하여 '브랜딩포유'라는 비즈니

브랜딩포유만의 휴먼 강점 비즈니스 브랜딩

스 모델을 수립하고, 강점 기반 콘텐츠를 발견하고 비즈니스 브랜딩과 교차하는 킹핀을 구축할 수 있는 과정을 개발했다.

　제2 강점인 최상화를 기반으로 성과를 내기 위한 아이디어 도출과 실행력을 배가시킬 수 있는 '하이업 독서 프로그램'(현재는 브랜딩 포유 독서 프로그램)을 사업 초기에 오픈했다. 독서 후 자신의 느낌이나 의견을 공유하는 토론 중심의 기존 독서 프로그램과는 근본적으로 다르다. 필자의 독서모임은 철저하게 독서 후 자신의 생각과 아이디어를 차별화된 콘셉트로 전환하고 다양한 형태의 콘텐츠로 발전시키는 실행 중심 과정이다.

　시중 일반 독서모임이 3만 원인데 비해 필자의 과정은 25만 원으로 고가임에도 인기 있었던 이유는 철저한 실행에 방점을 둔 '최상화' 강점과 연계된 탓이다. 또한 제5 강점인 긍정을 활용하여 하이업 독서모임에 참여하는 회원들이 상호 간에 관심을 두고 변화와 성장을 도모할 수 있도록 서로 격려하는 분위기와 문화를 형성함으로써 교육 효과를 극대화했다.

　또한 제3 강점인 사교성과 제4 강점인 공감을 활용했다. 갤럽 강점 진단 결과를 1대1 코칭으로 연계하여 적절한 동기부여를 통해 실행력을 강화시켰다. 수강생이 자신의 강점을 기반으로 브랜딩함

하이업 실행코칭

— Reading Group
하이업 독서모임 으로 소중한 인연 만들기

도전, 시작, 변화 에 에너지를 얻고 행동을 디자인 하다.

하이업 독서 프로젝트는 선정한 책을 읽고 효과적으로 나누고 정리할 수 있는 실전 바인더를 제공하고 마인드업 온라인 강의 4강을 제공합니다.
또한 온라인 ZOOM 미팅으로 이루어지는 다이나믹한 나눔으로 끈끈하고 폭넓은 인맥 연결 + 발표 영상 스케치를 진행합니다.

시작, 도전, 변화에 효과적인 방법을 찾을 수 있고 직접 실행에 들어가게 만들어주는 정말 소중한 시간이 될것입니다.
또한 지속적으로 하려는 일에 에너지를 받고 1인기업으로 성장하는 마인드 시스템으로 자신만의 브랜딩을 정리하는 시간을 가질 수 있습니다.
배움을 넣어서 수행하고 일에 도전이 있는 시간을 갖고 지속적인 멤버십과의 교류를 통한 사업 확장을 기대해볼 수 있습니다.

잠재력에 초점을 맞추는 강점기반개발

강점기반개발(Strengths_Based Development)은 약점보완보다는 가장 큰 잠재력의 영역에 초점을 맞추고 발전시키는 것을 기본으로 하는 개발방식입니다.
몰입도와 생산성을 높이는 방안으로 새로운 인재개발패러다임으로 각광받고 있습니다.

미국 Gallup사의 연구에 의하면 강점활용에 집중할 경우 업무 몰입도는 6배, 삶의 질이 높다고 평가할 확률은 3배 높습니다.
또한 강점에 집중하고 약점을 관리할 때 최고의 생산성과 탁월성을 얻을 수 있다고 밝혀졌습니다.

독서 프로젝트의 방향

긍정적인 에너지로 한 주를
채우며 서로를 응원해주고 돕기

능동적으로 직접 행동하며
변화를 만들어가기

많은 사람들과 의견을 나누며
선언하고 소중한 인연 만들기

PART 2 누구에게나 팔 수 있는 지식과 재능은 있다

으로써 성과로 연결될 수 있다는 가능성을 스스로 확신할 수 있도록 제5 강점인 긍정을 활용하여 강점 브랜딩 과정을 설계했다. 수강생들에게서 긍정적인 피드백을 받았다.

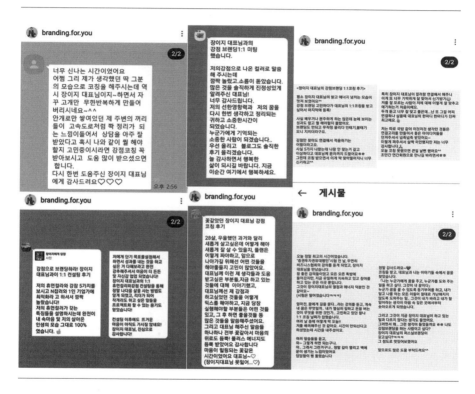

※실제 수강생들의 후기입니다.

4

지식 콘텐츠를 찾는 심화 방법

콘텐츠를 찾기 위한 질문의 힘

앞에서도 지속적으로 콘텐츠라는 말을 반복했다. 막상 콘텐츠라고 했을 때 명확한 기준을 생각하기는 쉽지 않다. 단, 이 책에서 말하는 콘텐츠는 누군가가 돈을 내고 구매할 만큼의 가치가 있는 것을 뜻한다. 그렇다면 콘텐츠로 전환할 수 있는 나만의 지식 또는 재능은 어떻게 찾을 수 있을까?

가장 먼저 스스로에게 자신의 일과 관련된 질문에 답해보는 것을 추천한다. 자신이 좋아하고 잘하는 일을 찾아서 겹치는 부분을 찾아봄으로써 콘텐츠의 윤곽을 그려볼 수 있는데, 자신이 경험했던 직무와 자신이 어떤 프로젝트를 할 때 즐겁고 행복한 마음으로 수행했는지, 그리고 어떤 성과로 연결시켰는지를 자연스럽게 써나가면 된다.

자신이 좋아하는 일이 우선이다. 그 일로 인한 성과 유무는 선택 요소다. 성과에 집착하다 보면 생각의 흐름이 막힐 수도 있기 때문에 필수요소로 고려하지 않아도 된다. 누군가는 일할 때 느낌이나 분위기를 중시할 수도 있고, 누군가는 어떤 일을 하더라도 성과를 중시하는 경우가 있다. 성과 유무가 선택 요소라는 것은 콘텐츠를 찾기 위한 질문에 막힘이 없어야 한다는 의미다.

콘텐츠를 찾기 위한 질문 리스트 : 일의 관점
1. 내가 가장 좋아하는 일은 무엇인가?
2. 내가 가장 잘 하는 일은 무엇인가?
3. 지금까지 내가 해왔던 일들은 무엇인가?
4. 일하는 과정에서 기쁨을 느끼는가? 혹은 성과에서 보람을 느끼는가?
5. 내가 일하면서 도움을 받았던 사람이나 책은? 그 이유는?

다음은 미래의 관점에서 자신의 비전을 그려봄으로써 콘텐츠의 윤곽을 세워보는 질문이다. 3년, 5년, 10년 단위로 자신의 변화된 모습을 마치 현재 이루어진 것처럼 생생하게 느끼면서 자신에게 적합한 콘텐츠에 대한 단서를 찾아볼 수 있는 질문 리스트다.

콘텐츠를 찾기 위한 질문 리스트 : 미래 비전 관점
1. 나는 어떤 모습으로 살고 싶은가? 내가 어떤 모습으로 보이기 원하는가?
2. 3년/5년/10년 뒤 오늘의 주요 일정은?
3. 3년/5년/10년 뒤 언론 인터뷰 예상 질문은?
4. 3년/5년/10년 뒤 저명인사 모임에서 당신을 소개하는 멘트는?
5. 3년/5년/10년 뒤 세바시에 초대받는다면 강연 주제는?

마지막으로 자신만의 콘텐츠를 정리해보는 질문 리스트다.

콘텐츠를 정리하기 위한 질문 리스트
1. 내가 자주 읽는 책 리스트는?
2. 한 시간 동안 이야기해도 지치지 않는 수다 스토리는?
3. 내가 가진 콘텐츠 후보 리스트를 나열해본다면?
4. 그중 한 가지 주제로 인터뷰를 한다면?
5. 나를 가장 잘 표현해줄 나만의 콘텐츠는?

콘텐츠를 찾기 위해서는 첫째, 내가 현재 하고 있는 사업이나 직업의 범주에서 잠시 벗어나 보는 것을 추천한다. 업무 때문에 접근한 것은 아니었지만 무엇인가 내가 시간 가는 줄 모르게 지속적으로 집중했던 일이나 사소하지만 흥미가 있었던 취미에서도 특별한 나만의 재능을 찾을 수 있다.

둘째, 지금까지 해왔던 행동이 아닌 새로운 행동을 통해 낯선 경험을 해볼 것을 추천한다. 기존의 행동 패턴만 반복하다 보면 뭔가 뚜렷하게 보이지 않을 수 있다. 때로는 낯설고 새로운 경험들이 그동안 보지 못했던 나만의 재능이나 강점을 찾게 해준다. 과거의 제약으로 미래를 채우는 것을 멈추자. 나의 가능성을 열어두고 가능성이 가득한 미래를 생각하며 지금의 시간을 디자인해보자. 그러다 보면 제약으로 멈춰 있던 수많은 호기심과 가능성이 눈앞에 보일 것이다. 그럴 때 주저함 없이 도전한다면 또 다른 나만의 재능을 찾을 수 있을 것이다.

필자 또한 그동안 실천하지도, 경험하지도 못한 독서모임으로 시작했지만, 그것이 지금의 온라인 교육 비즈니스로 발전하였다. 수많은 제약이 있었지만 모든 것을 내려놓고 가능성을 염두에 두고 추진했기에 스스로 재능을 찾게 된 것이다. 그러다 보니 내게 온라인 강의에 탁월한 재능과 기획력이 있다는 것을 발견하였다. 또한 사람들을 만나며 동기부여와 실행을 도울 수 있는 재능이 있다는 것을 알게 되었다.

가끔은 시간이 아깝다고 생각되는 쓸데없는 시도들이 내가 생각하는 행복과 삶의 기쁨을 느끼게 해준다. 그 과정에서 내가 진짜 좋아하지만 잘하는 것과 못 하는 것이 있음을 분별하게 되는 것이다.

헛된 시간을 보내는 대신 새로운 도전으로 나만의 데이터를 만들어보자. 그 과정에서 내가 오래 할 수 있고 즐길 수 있는 콘텐츠를 찾으면 된다. 성과는 잘하는 것에서 나오지만 그 성과를 지속적으로 유지하려면 좋아하는 것에서 시작해야 한다.

　우리의 최종 목적지는 좋아하고 원하는 것을 잘할 수 있게 만들어 성과를 이루는 것이다. 이것이 지식 비즈니스의 핵심이다. 좋아하고 원하는 것을 찾아야 일을 열정 있게 추진할 힘이 생긴다. 그 열정을 바탕으로 경험을 쌓아야 잘할 수 있고, 잘하는 것이어야 지속가능성이 있다. 즉 내가 하고 싶은 일을 선택하여 자유롭게 시간을 쓰고 성과를 만들어낼 수 있는 것이다.

　올바른 방향성을 가지고 시작하려면 정리가 필요하다. 내가 하고자 하는 비즈니스 또는 하고 있는 비즈니스가 무엇인지 알아야 그에 맞게 브랜딩과 마케팅 등 전체 구조를 짤 수 있다. 지식 비즈니스의 콘텐츠 종류를 크게 분류해보자면 지식, 정보, 스킬, 노하우, 솔루션이 있다. 내가 가진 콘텐츠가 이들 중 어떤 것인지를 정하고 정리해보자. 같은 콘텐츠라 하더라도 여러 곳에서 수익화할 수 있다. 이러한 확장의 가능성을 열고, 우선 시작해보자.

5

지식 콘텐츠
확정하기

자신만의 차별화된 지식 콘텐츠를 확정하기 위해서는 3가지 요소에 관한 검토가 필요하다. 3가지 요소는 서로 독립적이 아니라 상호 연계성을 가지고 있으므로 그 접점을 찾아 콘텐츠를 확정한다.

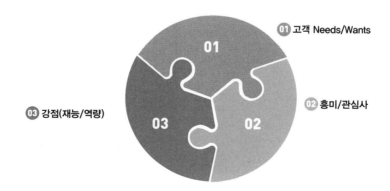

01 고객 Needs/Wants
02 흥미/관심사
03 강점(재능/역량)

첫 번째 요소는 니즈needs와 원츠wants다. 지식 콘텐츠를 확정해서 온라인 비즈니스를 펼치기 위해서는 그 기반이 고객의 니즈와 원츠여야 한다. 니즈란 말 그대로 고객이 필요로 하는 것이다. 마케팅 관점에서 니즈는 근본적 욕구인 니즈와 구체적 욕구인 원츠로 구분되는데, 근본적 욕구인 니즈는 인간이 가지고 있는 본원적인 욕구로 음식, 거주 공간, 의복, 안전 등을 소유하고 누리고자 하는 것을 말한다. 반면 원츠는 본원적인 욕구인 니즈를 충족시키기 위해 추구하는 구체적인 어떤 것을 말한다. 예를 들어, 배고픔이 근본적 욕구인 니즈라면 한식과 양식 등 여러 가지 음식의 종류는 구체적인 욕구인 원츠에 해당한다.

지식 콘텐츠와 연관된 고객의 본원적인 욕구는 지적 충족 욕구와 정서적 충족 욕구에 있다. 보다 상위의 욕구 충족이 필요하다. 고객의 지적 욕구와 정서적 욕구를 만족시키는 지식 콘텐츠를 확정할 때도 고객의 니즈와 원츠를 파악하고 이를 충족시키기 위한 콘텐츠를 기획해야 한다.

두 번째 요소는 흥미와 관심사다. 스스로 관심이 있고, 즐거움을 느끼는 것들을 자신의 콘텐츠로 확정할 수 있다. 다만, 흥미와 관심사가 기반이 된 지식 콘텐츠가 비즈니스로 성립하기 위해서는 고객의 문제나 이슈를 해결해줄 수 있는 솔루션이 제공되어야 한다.

좋아하는 일을 하는 것이 즐거울 수는 있으나, 금전적인 보상이

뒤따르지 않으면 지속하기 힘들다. 한편 아무리 잘하는 일이라도 재미를 느끼지 못하면 돈 버는 기계 같다고 느낄지 모른다. 그러므로 자신이 좋아하는 일과 잘하는 일의 접점을 찾아야 한다. 거기에 고객의 니즈needs 와 원츠wants 와 연관성이 있어야 지식 콘텐츠로 비즈니스가 가능하다.

세 번째 요소는 강점이다. 누누이 강조했듯이 자신의 강점, 재능과 역량을 기반으로 지식 콘텐츠를 확정하면 된다. 흥미, 관심사와 마찬가지로 자신의 강점도 반드시 고객의 니즈needs 와 원츠wants 의 접점을 찾아서 지식 콘텐츠로 재구성하여 온라인 비즈니스를 시작해야 한다. 우리가 지향하는 바는 예술이 아니라 지식 콘텐츠를 기반으로 한 비즈니스이기 때문이다.

PART 3

'나'는
내 비즈니스의
자본, 상품, 브랜드다

ONLINE CLASS

1

콘텐츠 차별화보다 중요한
브랜드 차별화

이 일을 시작하면서 '내 콘텐츠가 과연 나만이 할 수 있는 것일까?'라는 고민이 들었다. 과연 내 콘텐츠가 차별성이 있는 것인가? 비슷한 콘텐츠가 너무 많지는 않은가? 내가 기존의 성공한 사람들과 경쟁할 수 있을까? 이런 생각이 드는 것이다. 컨설팅을 많이 하다 보니 시작하는 사람들의 공통된 고민이 '차별화'임을 알았다. 비슷비슷한 콘텐츠에서 나만의 콘텐츠로 내 상품이 돋보이려면 결국 나를 브랜딩하고 그 브랜드로 차별화를 해야 한다.

이 세상에 나만의 완벽한 콘텐츠는 없다는 것을 알기 바란다. 인간이란 불편함과 문제를 해결하기 위해서 배우고 익히는 특성이 있기 마련이다. 그 과정에서 우리의 편리함과 문제해결을 위해 많은 콘텐츠가 나오는데 그것이 비즈니스의 시작이다. 새로움에서 시작되는 것이 아닌 공통의 문제점이나 편리함을 위해 콘텐츠가 만들어질 수 있다고 생각하며 사고의 폭을 넓히자.

대부분의 콘텐츠는 벤치마킹을 통해 시작된다. 그러다 콘텐츠를 개발하고 진행하다 보면 서서히 각자의 차별성을 갖게 된다. 그것을 인지하고 시작한다면 브랜드 기획이 왜 필요한지 알 수 있다. 벤치마킹하되 그 중심에는 내가 있어야 한다. 그러면 나만의 콘텐츠가 될 수 있다.

그러므로 먼저 '나'라는 사람에 대해 깊이 이해하는 시간을 갖고 그것을 끄집어내야 한다. 자신에 대한 정확한 이해 없이는 퍼스널 브랜딩을 할 수 없다. 내가 생각하는 나와 남이 보는 나를 잘 조화시켜 가치를 쌓아 올려야 한다.

최근에 '퍼스널 브랜딩'이 주목받고 있다. 온라인 1인 기업 비즈니스에서 가장 중요한 것은 내 경험과 시간이 온라인에 기록이 되어 있는가다. 블로그와 각종 SNS 등 온라인 콘텐츠를 통해 나라는 사람이 서서히 브랜딩되고 있기 때문이다. 비슷한 콘텐츠라도 차별화된 브랜딩이 나를 찾을 수 있게 하는 방법이다.

여기에서 주목할 것은 1인 지식 비즈니스는 내가 곧 상품이 된다는 것이다. 그러므로 나를 상품화하기 위해서는 브랜드 기획부터 시작해야 긴 시간 헤매지 않고 직행할 수 있다. 나만의 브랜드 차별성과 가치가 명확하다면 적은 시간 내 큰 성과를 내는 시간적 여유로움과 경제적 자유로움을 얻을 수 있다.

2

비즈니스로 정의하면
시작부터 다르다

▶

시작하기 쉬운 일일수록 철저하게 준비하고, 구체적으로 비즈니스 모델을 세운다면 남들과 다른 출발선에서 시작할 수 있다.

나의 재능과 지식으로 출발한 지식 비즈니스는 내가 가장 큰 브랜드이자 콘텐츠이기 때문에 일정한 시스템이 필요하다. 지식 비즈니스에서 적용할 수 있는 전략적 청사진을 만들어보자.

전략적 청사진 만들기

먼저 한눈에 조망할 수 있는 전체 틀을 그려보는 '비즈니스 모델'을 만드는 것이다. 이 과정을 거쳐 구체적인 목표를 정하고 계획을 세운 후 사업계획서 단계로 넘어가는 것이 효율적이다. 작은 시작일

수록 디테일이 필요하다. 거창하고 새로운 비즈니스 모델을 정립할 필요는 없다. 기존에 검증된 비즈니스 모델 프레임 워크Framework에 핵심 키워드나 간단한 문장으로 비즈니스에 대한 자신의 생각을 정리하면 된다.

우리가 살고 싶은 멋지고 그림 같은 집을 상상하여 캔버스에 스케치하듯 비즈니스 모델 캔버스에 자신이 꿈꾸는 비즈니스 모델을 스케치하면 된다. 알렉산더 오스터왈더, 예스 피그누어의 《비지니스 모델의 탄생》(비즈니스북스, 2021)에 실린 '비즈니스 모델 캔버스'에 어렴풋하게 상상으로만 존재하던 비즈니스 모델의 윤곽을 간략하게 스케치하면 된다.

'비즈니스 모델 캔버스'는 기존의 비즈니스 모델을 변화시키거나 새로운 비즈니스 모델을 구축하기 위해 설명해보고 그림으로 그려보고 떠올려보는 데 유용한 프레임 워크다. 붕어빵 모양 금형에 미리 준비한 밀가루 반죽을 붓고 살짝 가열하면 따끈따끈한 붕어빵이 나오는 모습을 떠올려보자. '비즈니스 모델 캔버스'의 프레임 워크는 마치 붕어빵 모양 금형처럼 손에 잡히는 쓸모 있는 틀이다.

비즈니스 모델 캔버스 프레임 워크에 자신의 생각을 정리해서 간략하게 글로 써넣고 커피 한 잔의 여유를 가지면 자신만의 고유한 비즈니스 모델을 한눈에 볼 수 있다. 백 마디 말보다 한 장의 비즈니스 모델 캔버스가 낫다. 필자의 사례로 감을 잡아보자. 그다음 비즈

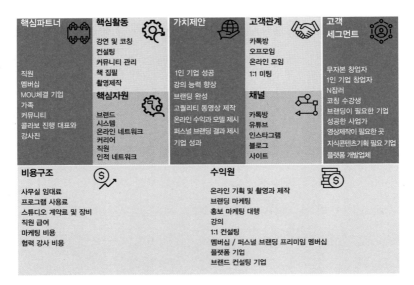

핵심파트너	핵심활동	가치제안	고객관계	고객 세그먼트
직원 멤버십 MOU체결 기업 가족 커뮤니티 콜라보 진행 대표와 강사진	강연 및 코칭 컨설팅 커뮤니티 관리 책 집필 촬영제작 **핵심자원** 브랜드 시스템 온라인 네트워크 커리어 직원 인적 네트워크	1인 기업 성공 강의 능력 향상 브랜딩 완성 고퀄리티 동영상 제작 온라인 수익과 모델 제시 퍼스널 브랜딩 결과 제시 기업 성과	카톡방 오프모임 온라인 모임 1:1 미팅 **채널** 카톡방 유튜브 인스타그램 블로그 사이트	무자본 창업자 1인 기업 창업자 N잡러 코칭 수강생 브랜딩이 필요한 기업 성공한 사업가 영상제작이 필요한 곳 지식콘텐츠기획 필요 기업 플랫폼 개발업체

비용구조	수익원
사무실 임대료 프로그램 사용료 스튜디오 계약료 및 장비 직원 급여 마케팅 비용 협력 강사 비용	온라인 기획 및 촬영과 제작 브랜딩 마케팅 홍보 마케팅 대행 강의 1:1 컨설팅 멤버십 / 퍼스널 브랜딩 프리미엄 멤버십 플랫폼 기업 브랜드 컨설팅 기업

▶비즈니스 모델 캔버스 예시

니스 모델 캔버스를 구성하는 요소들의 개념을 이해하고 자신만의 비즈니스 모델을 스케치해보자.

결국 비즈니스 모델이란 조직의 구조, 프로세스, 시스템을 통해 실현시킬 수 있는 전략적 청사진이라 할 수 있다.

Definition - 비즈니스 모델의 정의

비즈니스 모델이란, 하나의 조직이나 1인 기업이 어떻게 고객 가치를 포착하고 창조하고 전파하는지, 그 방법을 논리적으로 설명한 것이다.

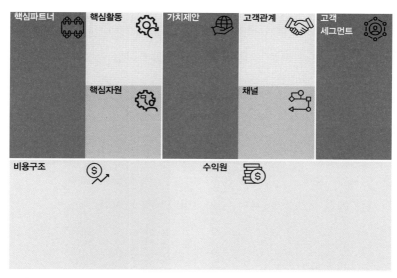

▶비즈니스 모델 캔버스

The 9 Building Blocks – 아홉 가지 빌딩 블록

비즈니스 모델에 대해 설명하려면 먼저, (1인) 기업이 과연 어떻게 수익을 창출해내는지 그 원리를 설명해주는 빌딩 블록 아홉 개에 대한 이해가 필요하다. 아홉 개의 블록은 비즈니스의 4대 핵심 영역인 고객, 주문, 인프라, 사업 타당성 분석 등을 포괄한다.

① CS Customer Segments 고객 세그먼트

조직은 하나 이상의 고객 세그먼트에게 상품이나 서비스를 제공한다. 예를 들면 매스마켓, 틈새시장, 세그먼트가 명확한 시장, 혼재된 시장, 멀티사이드 시장 등이다.

② VP Value Propositions 가치 제안

조직은 고객이 처한 문제를 해결해주고 욕구를 충족시켜주는 특정한 가치를 제공한다. '가치'란 고객이 처한 갈증을 해결해주거나 니즈를 충족시켜주는 바로 그 요소다. 고객에게 도움이 되는 가치의 특징은 양적(가격, 속도 등)일 수도 있고 질적(디자인, 고객 경험 등)일 수도 있다.

예를 들면 새로움, 퍼포먼스, 커스터마이징 등이다.

③ CH Channels 채널

조직이나 1인 기업이 제공하는 가치는 커뮤니케이션, 물류, 세일즈 채널 등을 통해 고객에게 전달된다.

④ CR Customer Relationships 고객관계

고객과의 관계는 각각의 고객 세그먼트별로 특징적으로 확립, 유지된다.

⑤ RS Revenue Streams 수익원

조직은 고객에게 전달하고자 하는 가치를 성공적으로 제공했을 때 수익을 얻는다.

⑥ KR Key Resources 핵심자원

앞의 다섯 가지를 실현하려면 자산으로써 핵심자원이 필요하다.

(1인) 기업은 이 자원들을 이용해 밸류 프로포지션 Value Proposition 을 창조하고 제안할 수 있으며, 시장에 접근하고 고객 세그먼트와의 관계를 유지함으로써 수익원을 창출한다.

예를 들면 물적 자원, 지적 자산(브랜드 등), 인적 자원, 재무 자원 등이다.

⑦ KA Key Activities 핵심활동

앞의 다섯 가지를 실현하려면 조직은 또한 여러 유형의 핵심활동을 수행해야만 한다. 핵심자원과 마찬가지로, 이 역시 밸류 프로포지션 Value Proposition 을 창조하고 제공하고, 시장에 접근하고 고객 세그먼트와의 관계를 유지하며 수익원을 만드는 데 필요한 것들이다. 예를 들면 생산, 문제해결, 플랫폼·네트워크 등이다.

⑧ KP Key Partnerships 핵심 파트너십

특정한 활동들은 외부의 파트너십을 통해 수행하며(아웃소싱), 일부 자원 역시 조직 외부에서 얻는다. '공급자-파트너' 간의 네트워크를 말한다.

⑨ CS Cost Structure 비용구조

비즈니스 모델의 여러 요소를 수행하자면 비용이 든다.

다음으로 본격적으로 온라인 지식 비즈니스에서 필요한 것이 무엇인지 알아보자.

먼저, 내가 도움을 주고자 하는 콘텐츠가 고객의 어떤 문제를 해결해줄 수 있는지 생각해보자. 같은 콘텐츠라 하더라도 시대적인 배경의 영향을 받는다. 예를 들어 필자의 경우도 코로나19라는 이슈가 발생하여 더 큰 시장성을 가지고 출발할 수 있었다. 온라인 세상이 확장되었고 그로 인하여 내 콘텐츠를 필요로 하는 사람들이 많아졌다. 사회적·시대적 배경에 내 비즈니스가 새로운 기회로 존재하는 것인지 정리해보기를 추천한다.

두 번째, 다양한 IT를 기반으로 한 기술력을 동원해 사업을 펼쳐보자. IT와 지식 비즈니스를 연결한다면 정부에서 지원하는 다양한 혜택도 받을 수 있을 것이다. 기존의 틀에서 벗어나 나의 콘텐츠를 어떻게 확장시킬 수 있는지 연구해보자.

세 번째, 흔치 않은 경우지만 나만이 해결해줄 수 있는 콘텐츠일 때, 그리고 다른 어디에서도 해결해주는 곳이 없을 때 비즈니스로 연결하기 유리할 것이다. 니즈가 있는 시장이라면 그만큼 많은 기회를 만날 수 있다.

다양한 비즈니스의 필요성과 시장을 정했다면 나의 일이 어떤 가치를 추구할 것인지, 무엇을 만들어갈 것인지, 어떻게 알릴 것인지 정리할 필요가 있다. 이때 다양한 질문을 통해 내 비즈니스의 방향성과 필요조건을 알아보는 것이 중요하다.

타깃 고객 정하기
내가 알리고자 하는 가치를 가지고 어떤 고객에게 찾아가야 하는가?
한마디로 내 타깃 고객은 누구인가?
내 도움을 필요로 하는 사람들은 어디에 있는가?
그들이 도움을 받고 난 후에 무엇이 가능해질 것인가?
예)

내 지식 콘텐츠의 가치 정하기
내가 고객에게 전달하고자 하는 가치는?
타깃 고객이 가장 필요로 하는 것은?
내 콘텐츠로 해결해줄 수 있는 문제는?
예)

지식 비즈니스가 연결될 채널 정하기
내 콘텐츠가 필요한 고객을 어디서 만나는 것이 좋을까?
가장 효과적인 채널은 무엇일까?
고객에게 다가가기 가장 쉬운 채널은?
채널의 종류 정리하기 : 온라인(웹사이트, 오픈마켓, 소셜커머스, 크라우드 펀딩, sns채널, 오픈채팅방 등)

오프라인(각종 교육기관 등)

예)

고객이 주로 지불하게 되는 방식은?

단기적 수입은?

장기적 수입 방식은?

저가 상품은?

고가 상품은?

예)

지적 자산 : 브랜드, 디자인, 홈페이지 유지

인적 자산 : 협업파트너, 직원

예)

우리의 가치 제안은 어떤 핵심활동을 필요로 하는가?

공급 채널을 위해서는 어떤 활동이 필요한가?

고객관계를 위해, 수익원을 위해, 어떤 활동이 필요한가?

◀ 핵심 활동 유형 ▶

문제해결

플랫폼 · 네트워크

예)

핵심 파트너
누가 핵심 파트너인가?
우리의 핵심 공급자는 누구인가?
파트너가 어떤 핵심활동을 수행하는가?
◀ 파트너십을 구축하는 이유 ▶
최적화와 규모의 경제
리스크, 불확실성의 감소
자원 · 활동의 획득
예)

3

일의 사명과 비전
정리하기

▶

'지금 그 일을 왜 하는가?'라는 질문에 바로 답할 수 있는가? '왜'라는 질문에 답하기 어렵다면 이번 기회에 그 답을 찾아보길 추천한다. 모든 것은 '왜'로부터 출발해야, 가야 할 길을 알게 되고 끝까지 갈 힘이 생긴다. 한마디로 '왜'는 출발점이자 종착점이라고 볼 수 있다. 그것은 정체성에 해당하는 질문이다. 도전하고자 하는 일을 떠올려보자. 항상 '그 일을 어떻게 할까?'라고 질문하기 전에 '왜 해야 할까?'라는 질문을 스스로에게 던져보자.

필자의 경우 학창 시절 공부를 왜 해야 하는지, 대학의 전공은 왜 그것을 선택했는지, 회사에서는 왜 일하려고 했는지 등 모든 것이 명확하지 않았다. 결국 '왜?'를 찾기 전의 일들은 처음에 가득했던 열정과 에너지는 사라지고 행동만 남은 것이다.

지금에서야 '왜 이 일을 하고 싶은지'에 대한 질문에 답을 하고 있다. 그러자 나의 막혔던 문제가 풀리며 그것이 사명과 헌신으로 승화되는 것을 알았다. "사람들이 가지고 있는 삶의 콘텐츠를 찾아주고 세상에 널리 알려 자신이 살고 싶은 삶을 디자인하며 자유롭게 살 수 있도록 헌신한다." 이것이 필자가 추구하는 삶의 방식이다. 필자는 온라인 지식 비즈니스로 나의 재능과 기술을 거래하여 수익을 만든다면 이것이 가능하다고 생각한다.

사명과 비전 만들어보기

기업의 시작은 비전과 사명으로부터 출발한다. 그러므로 자신이 하나의 기업이 되는 것이라고 생각하고, 우리가 알고 있는 대기업의 사명을 살펴보자.

마이크로소프트 사의 사명과 비전은

사람들의 역량 강화하기

지구상의 모든 사람과 조직이 더 많은 것을 성취할 수 있도록 역량을 지원하는 것을 사명으로 살고 있습니다.

apple의 창시자 스티브 잡스의 사명은

인류를 이끌어 가는 마인드를 위한 도구를 제공함으로써 세계에 기여한다.

google의 사명은

세상의 모든 정보를 쉽게 접근하고 사용할 수 있도록 하는 것

어떠한가? 마이크로소프트, 애플, 구글. 전 세계인에게 영향을 끼치는 거대 기업의 출발점과 종착점을 떠올려보자. 생각보다 거창하지 않다.

나의 신념을 바탕으로 어떠한 문제를 돕고 싶은지 찾아보자는 것이다. 나의 신념이란? 내가 추구하는 삶의 방식과 태도를 말한다. 이는 쉽게 바뀌지 않으며, 어떠한 상황이 오더라도 그것을 지키려고 하는 방어적 태도를 만들어내기도 한다. 개인적인 필자의 신념은 공감을 바탕으로 한 소통, 삶의 자유로움, 끊임없는 성장이다. 누구를 만나든 이를 바탕으로 생각하고 대해야 함을 알았다. 반석지안(盤石之安) 즉 건물을 지을 때 반석 위에 기초공사를 튼튼하게 해야 든든하다는 말처럼, 내 기초 바닥에 가장 먼저 만들어놓을 반석 같은 사명을 튼튼하게 정해놓자. 그렇게 정하고 시작한 일들은 힘을 갖게 된다.

한마디로 내 선택에 힘이 생기는 것이다. 삶의 기준은 '남'이 아닌 '나'로부터 결정되어야 한다. '다른 사람들이 사는 대로 따라가다 보면 어떻게든 되겠지'라는 생각을 하고 있다면 내려놓자. 선택하자. 주체적으로 선택한 것이 아닌 남들의 방식으로 따라가다 보면 어느 순간 반드시 병목구간이 생긴다. 인생이 갑자기 꽉 막히거나 답답하게 느껴질 때가 올 것이다.

선택은 매순간 찾아온다. 이때 사회적인 통념이나 기준을 따라간다면 시작점과 종착점을 알지 못한 채 돌고 있는 자신을 발견하게 될 것이다. 나를 탐구하고 사색하는 시간이 필요하다. 내가 왜 이 일을 하고 싶은지, 나의 신념은 무엇인지, 그것을 바탕으로 한 나의 사명은 무엇인지. 다소 어려운 작업이지만 반드시 찾기를 바란다.

| 사명과 비전 찾는 방법, 미션(mission)

쉽게 설명하자면 건물의 기초를 신념, 건물의 외관을 사명이라 할 때 실내외의 구체적인 인테리어에 해당하는 것이 비전이다.

신념을 바탕으로 만든 사명은 기업의 불변 가치이고 비전은 특정 기간의 미래를 보여주는 것이다. 사명과 비전이 없다면 다음과 같은 방식으로 만들어보자.

1. 나에 대해 자유연상하기

- 나는 다른 사람들에게 어떤 모습으로 보이고 싶은가? (예: 전문적, 따뜻한, 에너지 넘치는, 퍼포먼스적)
- 나는 어떤 사람이 되고 싶은가? (예: 영향력 있는 사람)
- 나는 어떤 삶을 살고 싶은가? (예: 자유롭고 내가 디자인한 대로 사는 삶)
- 나는 어떤 삶을 살았나? (예: 많은 경험을 해왔음)
- 나는 왜 살고 있는가? (예: 삶 자체를 즐기기 위해)
- 다른 사람들은 나를 어떻게 평가하고 있는가? (예: 긍정의 에너지가 넘치는 사람)

2. 신념 찾기(태도·가치)

- 내가 중요시하는 것은 무엇인가? (예: 행복, 건강 등)
- 반드시 지켜야 할 중요한 것은 무엇인가? (예: 자유, 소통, 성장)
- 내가 사람들에게 주고 싶은 것은 무엇인가? (예: 가능성 있는 삶)
- 어떤 일이 일어날 때 기쁜가? (예: 남들에게 변화를 만들었을 때)

3. 사명 정리하기(미션)

사명을 선언하는 문장을 만들어보자.

나의 브랜드명	~는	나는
내가 도움을 주고자 하는 대상	~에게	자기 자신을 브랜딩하고 싶은 사람들에게
내가 가진 재능과 기술	~을 바탕으로	기획력과 동기부여를 바탕으로
어떤 방향으로 알리고 도울 것인가	~위해 존재한다.	퍼스널 브랜딩을 통해 온라인에 알리기 위해 존재한다.

4. 비전 만들기

내가 세울 건물의 최고 모습을 떠올리며 만들어보는 것, 이를 비전이라고 한다. 내가 하고자 하는 일의 미래를 생각해보자. 장기적으로 지향하는 목표, 가치관, 이념을 말하는 것이다. 비전은 미래이므로 3~5년 단위로 지속하여 수정하기를 추천한다. 또한 비전을 만들 때는 가능성을 바탕으로 수치화해보기를 추천한다.

막연하게 하지 말고, 정한 기간에 어느 정도의 목표가 어떤 모습으로 이루어지기를 바라는지 구체적으로 정리해보자.

브랜드명 만들기
– 네이밍

브랜딩의 출발은 이름 짓기다. 업계 용어로는 '네이밍Naming'이라고 한다. 브랜드의 이름 짓기는 비주얼 작업이 들어가기 전 단계로 새로운 브랜드의 탄생을 알리는 신호탄이다. 브랜드 디자인 포맷은 추후에도 몇 번씩 리뉴얼 과정을 겪지만, 한 번 만들어진 브랜드 명칭은 오랫동안 유지된다. 태어날 때 주어진 이름을 특별한 이유가 없는 한 죽을 때까지 사용하는 맥락과 비슷하다.

콘텐츠의 독자나 잠재 고객이 브랜드명을 알아차리는 데 걸리는 시간은 단 0.6초라고 한다. 눈 깜짝할 사이, 찰나에 각인되느냐 묻히느냐 하는 게임이다. 브랜드 이름 짓기를 '0.6초간 승부'라고 부르는 이유이기도 하다. 뇌리에 새겨지도록 반복적으로 광고나 홍보를 통해 브랜드 명칭을 노출시키지 않는 한 0.6초 안에 고객의 관심을 끌지 못하면 브랜드 경쟁력은 급격하게 떨어진다. 광고 홍보비가 충분하지 않은 중소기업이나 스타트업, 특히 재정 상황이 여의치 않은 1인 기업에게 고객의 마음을 한순간에 사로잡을 수 있는 브랜드 이름 짓기는 굉장히 중요한 일이다.

전문 기관에 맡겨서 네이밍을 하는 방법도 있다. 그러나 브랜드 작명을 의뢰할 만한 상황이 아니라면 상식적인 수준에서 브랜드 네이밍의 원리를 알고 자신의 브랜드 작명에 활용하면 도움이 될 것이다. 보통 상품에 대한 브랜드명 또는 회사의 브랜드명을 정할 때 사용하는 다양한 방법을 참고해보기 바란다.

브랜드 네이밍 기법

첫 번째, 시인들이 시를 쓸 때 즐겨 쓰는 의인화 기법을 활용한 브랜드 작명이다. 의인화는 사람이 아닌 것, 즉 인간 이외의 무생물, 동식물, 사물 등을 사람에 빗대어 사람처럼 표현하는 수사법이다. 이를 브랜드 작명에 응용하는 사례는 다음과 같다. '행복한 콩'이나 '숨 쉬는 된장'처럼 콩이나 된장을 마치 사람처럼 인격화하여 의미를 생생하게 전달하는 브랜드 이름 짓기 방식이다.

두 번째, 기존의 긴 명칭을 줄여서 부르는 기법이다. MZ세대의 특성 중 하나가 줄임말을 쓰는 것이라고 할 만큼 최신 유행과 잘 맞아

떨어지는 기법이다. '세바시'는 세상을 바꾸는 시간의 약자다. '세바 퀴'는 세상을 바꾸는 퀴즈의 줄임말이다.

비슷한 맥락으로 당초에 있던 키워드에서 꼬리를 자르는 방법도 있다. 단어 하나에서 필요하지 않은 부분을 제외하고 남겨진 부분을 브랜드 명칭으로 사용하는 기법이다. 꼬리를 자르거나 머리를 자르 거나 몸체를 자를 수 있다. 예를 들어 카카오톡을 카톡, 디지털카메 라를 디카, 수학능력시험을 수능으로, 필요없거나 덜 중요한 부분을 잘라내고 주요 부분을 브랜드 명칭으로 활용하는 기법이다.

세 번째, 상품의 대표적인 이미지를, 소리를 이용해 특징을 부각시 키는 기법이다. 시인들이 주로 사용하는 의성어나 의태어를 응용한 기법이라고 해도 무방하다. 사물의 소리를 흉내 낸 말로 말을 하거 나 글을 쓸 때 의성어와 의태어를 적절히 사용하면 더 재미있고 실 감나게 표현할 수 있다.

"꾀꼬리가 꾀꼴꾀꼴 노래를 부른다"처럼 의성어나 의태어는 반복 되는 리듬을 가지고 있어서 말의 재미를 살려 쓸 수 있다. 브랜드 명 칭으로 대표적인 사례는 라면을 끓이지 않고 손으로 부숴먹는 '뿌셔 뿌셔'이다.

네 번째, 동일한 음을 반복해서 리듬감을 고조시키고 특징을 살리

는 기법이다. '뽀로로' '슝슝슝 비행기' '치키치키 챠카챠카 수수께
끼' 등이 그 예시가 될 수 있다.

다섯 번째, 단어 수준에서 문장 수준으로 길게 브랜드로 사용함으
로써 독자와 고객의 주목을 끄는 방식이다. '27년 동안 영어 공부에
실패했던 39세 김 과장은 어떻게 3개월 만에 영어 천재가 됐을까'
는, 성인 영어 회화 학습법의 제목이자 문장 수준의 책 브랜딩 작법
의 대표적인 예시다. 이를 응용한 부동산 투자 관련 책 브랜드 작법
은 다음과 같다. '10년 동안 적금밖에 모르던 39세 김 과장은 어떻
게 1년 만에 부동산 천재가 됐을까?' 다른 브랜딩 작명 예시로, '미
녀는 잠꾸러기', '미녀는 석류를 좋아해' 등이 이에 해당된다.

위에서 브랜드 작명 기법 위주로 소개했다면, 단어 그대로 사용하
는 경우도 있다. 유명 브랜드 네이밍의 반 이상은 단어를 있는 그대
로 사용한다. 에둘러 비유적인 표현이나 기법을 사용하지 않고 직설
적이고 소박한 표현으로 오히려 강력한 메시지를 주는 브랜딩 작법
이다. 브랜딩 작법이라는 표현을 쓰기에도 민망할 만큼 일반적인 단
어다. '애플'이나 '크라운' 등이 대표적인 사례다.

지금까지 브랜드 작명 기법에 대해서 간략하게 살펴보았다. 1인

기업 혹은 지식 콘텐츠 크리에이터로서 자신의 브랜드 네이밍을 할 때 각자의 상황에 맞게 각각의 기법을 활용하기 바란다. 상품이나 기업이 아닌 퍼스널 브랜딩에서의 브랜드 네이밍 방법은 하나가 아니다.

▶ 삶의 가치를 나타낼 수 있게 보여주는 브랜드 네이밍
예) 생각대로 사는 여자 ○○○
마케팅을 사랑하는 ○○○
독립을 꿈꾸는 ○○○

▶ 어떤 일의 전문가인지를 이해하기 쉽게 보여주는 구성
예) 수익 설계 전문가 ○○○
강점 브랜딩 전문가 ○○○
퍼스널 습관 전문가 ○○○
비즈니스 습관 전문가 ○○○

자신에게 적합한 브랜드 네이밍을 한 후에 적절한지 아래 질문에 자문자답함으로써 완성도를 높이기 바란다. 브랜드 네이밍을 전문적으로 하는 전문가 그룹에서 제시하는 네이밍 콘셉트 체크 포인트를 활용하자.

브랜드 네이밍 콘셉트 체크 포인트

- 온라인 검색 시 차별화되는가?
- 이해하기 쉬운가?
- 기억하기 쉬운가?
- 내가 하는 일과 연관성이 있는가?
- 발음하기가 쉬운가?
- 브랜드명으로 도메인을 살 수 있는가?

브랜드 로고 만들기

브랜드 작명이 주로 텍스트 중심으로 만들어진다면, 브랜드 로고는 브랜드의 고유한 철학과 상징체계를 반영하는 특성상 이미지 형태로 구현된다.

필자가 운영하는 브랜드 포유의 스타 브랜딩 과정 1단계에서는 매력적인 콘텐츠와 연계된 브랜드 네이밍과 브랜드 로고 만들기가 동시에 진행된다. 별도로 브랜드 로고 제작 전문 기관에 의뢰하지 않고 스타 브랜딩 수강생들과 몇 차례 협의한 뒤 필자가 직접 만들어 제공한다. 로고를 만드는 것 또한 거창한 디자인 툴을 사용한 것이 아닌 CANVA나 미리캔버스와 같이 일반인이 쉽게 만들 수 있는 프로그램을 활용하였다.

필자가 스스로 만든 브랜딩포유 로고부터 차례대로 수강생들의
로고와 그 의미를 간략하게 소개해본다.

1. 브랜딩포유	
	퍼스널 브랜딩은 한 사람을 빛나게 만들어주는 일이다. 사람을 세워주는 일이다. 당신만의 고유한 브랜드 상징체계를 사람이 받들어 올려주는 형상이 연상되게 고안하였다.

2. 퍼스널 습관전문가	
	개별화된 각자의 삶의 조각에 나만의 퍼스널 습관을 맞추는 것을 표현하였다.

3. 아웃풋 책쓰기	
	책을 통한 인풋과 책쓰기를 통한 아웃풋의 열매가 보일 수 있게 책에서 피어나는 꽃을 상징적으로 형상화하였다.

4. 코너스톤 소리 & 원서 영어 전문가

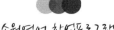

소리와 원서로 스며들게 영어를 접하다 보면 어느 순간 농도가 짙어지듯 실력이 확실하게 완성된다는 의도로 3개의 각기 다른 채도의 보라색 원을 중첩되게 형상화하였다.

5. 생각 개선 연구소

생각이 바뀌면 삶이 바뀐다는 메시지를 담고 있으며 생각을 개선할 수 있는 키(Key)를 제공한다는 의미를 형상화하였다.

6. 더불어 행복스쿨

더불어 함께하는 모습과 행복을 상징하는 스마일에 색의 변화를 주어 회사의 이미지를 상징화하였다.

7. 비즈니스 스피치 전문가

마이크를 형상화하여 스피치라는 부분을 떠오르게 하였고 사람이 웃고 있는 모습으로 성공의 이미지를 나타냈다.

내 브랜드 가치 정립하기

기존의 전통적인 산업이나 스타트업의 기술력은 끊임없이 높아지고 고객의 의식과 인식수준 또한 하루가 다르게 높아지고 있다. 온라인 후기 중에는 도저히 일반인의 관점이나 지식이라고는 믿기 어려울 정도의 훌륭한 글이 보이기도 한다.

브랜드는 고객의 불필요한 인지 작용을 줄여준다. 심사숙고하지 않고도 믿고 선택하게 만드는 효과가 있다. 고객의 혜안이 갈수록 깊어짐에도 고객의 선택 동기를 단순하게 만드는 브랜드가 그 중요성을 더 인정받는 이유는 무엇일까? 바로 소비자의 근원적인 행동의 원리 때문이다. 기술 수준이 높아지고 동시에 제품의 다양성이 증가할수록 고객의 반응 행동 원리는 하나로 수렴되는데, 머리로 아는 것이 많아도 구매 시점에는 오히려 단순해지는 성향을 보이는 것이다. 유무형의 상품에 대한 선행 지식이 많아도 고객의 반응 행동 원리는 결정적인 순간에 더 단순해진다.

구매 시점의 고객의 단순 반응 행동 원리는 결정적인 순간에 '그렇지 않아도 사는 게 머리 아픈 데 소비할 때마저 머리를 많이 쓰기 싫다'라는 생각에서 기인한다. 인지적 노력을 줄이려는 고객의 두뇌 작용이 단순한 구매 의사 결정 행동의 기폭제가 된다.

대량의 유사한 유·무형 상품 앞에서 고객은 '이 정도 브랜드라면, 망설임 없이 지름신을 내릴 거야'라는 심정이 되어 뇌 용량을 최대한 줄이는 방향으로 구매 의사 결정을 내린다. 이모저모 비교해보면 M을 구매하는 게 좋을 거 같은데 Z를 구매해버린 경우가 더 많을 것이다. 가성비 이슈가 아니었다면, 그런 케이스는 대부분 Z가 더 알려진 브랜드이거나 Z의 사용자 이미지가 M보다 월등하게 좋은 경우다.

이러한 고객의 판단과 의사결정의 원칙은 상품에만 적용되는 것이 아니다. 두뇌의 가동 용량을 최소화하려는 고객의 행동 원칙은 사람에게도 그대로 적용된다. 그렇다면 이러한 인지적 노력의 최소화 원리가 사람에게 적용되는 경우는 언제일까?

'면접'을 예로 들어보자. A라는 사람이 어렵게 세 차례 이상의 깐깐한 면접을 거쳐 취업 관문을 통과하여 자신이 속한 조직에서 어

엿한 사회인으로 자리매김하는 경우를 생각해보자. A는 사회인으로
살아가기 위해 취업 준비 기간 동안 수많은 사람을 만났을 것이다.
한편 학창 시절 동안 만난 사람들의 수보다 취업 후 단기간에 만난
사람의 수도 많고 연관 부서의 다양한 인간 군상을 만날 확률이 높
다. 기업의 규모가 크고 성장 속도가 빠를수록 다양한 직군의 개성
있는 사람을 만난다.

이때에도 한 사람이 다른 사람을 순간 판단하고 반응 행동 원리는
인지적 노력을 줄이려는 방향으로 작용한다. 이처럼 인지적 노력을
최소화하려는 성향의 고객 반응 행동 원리가 사람을 평가할 때도 작
용하기 시작한다. 상품을 한순간에 판단하고 구매 의사 결정을 하는
과정이 그대로 사람을 판단하고 평가할 때도 적용된다는 것이다.

근원적인 고객의 반응 행동 원리에 브랜딩이라는 개념이 융합되
면서 개인도 개별 이미지와 상징 코드를 갖춘 하나의 브랜드로 간주
되는 퍼스널 브랜딩이 갈수록 각광을 받고 있다.

SNS의 보편화로 누구나 1인 미디어의 주인공이 될 수 있고, 평범
한 사람도 자신만의 경험과 지식, 재능을 기반으로 한 콘텐츠를 팔
수 있는 1인 지식 콘텐츠 크리에이터의 시대. 자신만의 콘텐츠와 나
를 브랜딩할 수 있게 된 시대. 깐깐하지만 브랜드 신뢰도에 따라 한
순간에 구매 의사 결정을 하는 눈 높은 고객의 선택을 받으려면 어

떻게 해야 할까?

《오늘부터 나는 브랜드가 되기로 했다》(웨일북, 2021)의 저자 김키미 씨는 '퍼스널 브랜딩'이 첫 번째 조건이라고 주장했다. '퍼스널 브랜딩'이 중요하고 필요한지 알지만 대부분 방법을 모른다는 고민에 그녀는 핵심을 찌르는 말로 일갈한다.

'그 분야에서 그 사람 그거 하나는 잘 하지'라는 인식을 독자와 고객의 뇌리에 심어주는 것이 퍼스널 브랜딩이라는 것이다. 사람들이 나를 보면 연상된다는 관점에서 '브랜드는 고정관념'이라고 한다. 퍼스널 브랜드는 '고정관념으로 굳어도 좋을 나'를 의미한다고 설명한다. 결국 퍼스널 브랜드가 나라는 브랜드의 존재 이유와 가치가 되는 셈이다.

> 다른 사람들이 내 이름을 들었을 때 어떤 분야를
> 연관 지어 생각하게끔 만드는 것이 바로 자기 브랜딩입니다.
> '그 사람 그거 하나는 잘하지' 하는 걸 각인시키는 거예요.
> _《여자 둘이 살고 있습니다》(위즈덤하우스, 2019)

브랜드 가치는 자신이라는 존재에 대한 자존감과 자신을 연상시키는 콘텐츠에 대한 자부심에서 출발한다. 누가 뭐라고 하든 자신과 자신의 콘텐츠에 대한 자긍심은 타인을 설득하기 위한 필수 요소다.

자신의 콘텐츠 가치에 대한 확신도 없으면서 다른 사람들에게 자신 있게 권할 수는 없기 때문이다.

한편 자신과 자신이 발행한 콘텐츠에 대한 자부심이 있더라도 이에 관심을 표명하고 구매하려는 이가 없다면 퍼스널 브랜드 가치는 하락하고 훼손될 수밖에 없다. 타인에게 보여주고 싶은 정체성, 즉 브랜드 아이덴티티Brand Identity를 확립하고 이를 전파하고 유지하려는 노력이 필요하다.

브랜드 아이덴티티가 브랜딩 전략의 출발점이라고 할 수 있다. 어떤 역할을 수행하고 어떤 의미를 부여하는지가 브랜드가 고객에게 주는 가치이고, 해당 브랜드의 존재 이유와 근거다. 결국 그것이 브랜드의 정체성이 되고, 퍼스널 브랜드 전략의 핵심으로 동일하게 적용된다.

자신의 이미지를 탓하기 전에 퍼스널 아이덴티티를 설정하는 것이 중요하다. 바람직한 나를 명확하게 설정하고 타인에게 보이는 자신의 모습과 현실 속의 내 모습에서 자신만의 고유한 철학과 그에 따른 행동 규범을 도출하고 실천에 옮겨야 한다. 이러한 일련의 과정을 통해 퍼스널 브랜드의 가치가 올라간다.

보통 개인 이미지 관리가 퍼스널 브랜드 가치를 올리는 방법의 전부라는 오해가 있다. 스타일에 맞는 슈트나 원피스를 차려입는다든지 온화한 미소를 짓고 호감가게 웃음 짓는 법 등이 중요하지 않다는 말은 아니지만 퍼스널 브랜드 가치를 높이는 한 가지 축에 불과하다. 퍼스널 브랜드 가치 제고를 개인 이미지 관리에 국한해서 진행하다 보면 핵심을 놓치고 주변부만 맴도는 우를 범할 수도 있다.

독자나 고객의 인지적 노력을 최소화하고 그들의 선택을 받기 위한 퍼스널 브랜드 가치 제고 전략을 다음과 같이 정리할 수 있다.

첫째, 퍼스널 브랜드 아이덴티티Personal Brand Identity를 스스로 정립해야 한다. 관심 독자나 잠재 고객과 교류하면서 자연스럽게 형성되는 것도 좋지만 필수적인 것은 아니다. 의도적으로 타인과 차별화된 정체성을 정의하고 구축하는 것이 더 의미 있다.

둘째, 퍼스널 브랜드 아이덴티티의 철학이 유지될 수 있도록 지속적인 관리가 필요하다. 사품 브랜드와는 달리 퍼스널 브랜드는 스스로 의미 부여하고 스스로 관리가 필요한 반려동물 같은 브랜드임을 기억하라.

셋째, 앞서 김키미 작가의 퍼스널 브랜딩의 본질과 관련된 설명처럼 특정 분야와의 연관성과 해당 주제에 대한 전문성을 지속적으로 강조해야 한다. 해당 분야의 전문성을 기본 요소로 강조하되 고객의 문제를 해결하려는 적극적인 자세와 태도를 어필하는 것도 중요하다.

넷째, 자신만의 스토리를 만들고 의도적으로 결과나 성과보다는 고객의 이슈나 문제를 해결하는 과정을 공유하고 전파하라. 에피소드를 만들어 그 에피소드와 비슷한 스토리만 들어도 당신의 브랜드와 콘텐츠가 연상될 수 있도록 의도적인 장치를 구축하라. 스토리를 들으면 당신의 정체성을 금세 이해할 수 있는 퍼스널 브랜드 스토리로 브랜드 가치를 제고시키자.

6

내가
곧 상품이다

내가 곧 상품이다. 이것이 퍼스널 브랜딩이 필요한 이유다. 마트나 백화점에 가면 많은 물건이 있다. 수천 수만 개의 물건 중 잘 팔리는 상품이 있다. 진열 방법에 따라 선택의 폭이 결정된다. 손에 잘 잡히는 위치에 고급스럽게 포장해서 올려놓으면 잡기 힘든 곳에 있는 상품들보다 선택받을 확률이 높아진다. 온라인 지식 비즈니스는 나를 상품화하는 과정이 필요하기에 반드시 포장하는 과정이 있어야 한다는 것을 강조하고 싶다.

지금부터 어떻게 나를 '있어 보이게' 포장할 수 있을지 알아보자.

외적 프리젠테이션을 점검하자

다른 사람들에게 어떤 모습으로 보이고 싶은가? TV 속 드라마의 주인공과 각 역할을 맡은 사람들을 생각해보자. 같은 배우라 하더라도 그 사람이 연기하는 직업이나 외적 프리젠테이션에 따라 완전히 다른 사람처럼 느꼈던 경험이 있을 것이다.

같은 배우가 변호사나 회사 CEO 역할을 할 때와 사회에서 소외된 노숙자 역할을 할 때의 이미지를 상상해보자. 일반적으로 사람은 첫인상으로 그 사람에 대한 신뢰, 믿음을 결정하는 경우가 많다. 미국 다트머스대 심리학과 폴 왈렌 교수는 "인간의 뇌는 0.017초라는 찰나에 타인에 대한 호감이나 신뢰 여부를 판단한다"라는 근거를 제시하고 있다.

내가 원하는 이미지를 만들고 사람들이 볼 내 모습을 상상하자. 그 모습으로 나를 나타내는 것이다. 기존에 내가 늘 입던 옷, 헤어스타일, 화장 등 익숙한 것에서 벗어나자. 내가 되고 싶은 사람, 하고 싶은 일, 보이고 싶은 모습으로부터 배우가 되어보자. 그 역할에 맞는 외적 프리젠테이션을 점검해보자.

나의 외적 모습을 준비했다면 이제 내가 구성하고 있는 콘텐츠와 프로그램을 살펴보자. 지금 준비하거나 진행하는 것이 있다면 더 구체적인 대답이 나올 것이다. 누군가가 나의 콘텐츠나 프로그램을 보고 어떤 것을 느끼기 바라는가? '내용이 좋으면 된다. 진짜 고수는 포장하지 않아도 안다'라는 생각은 구시대적 발상이다. 같은 맛의 과자라도 어떤 포장지에 넣어서 고객에게 판매하느냐에 따라 다른 가격을 받을 수 있다. 특히 요즘 화장품의 경우 케이스에 들어가는 비용은 우리가 상상하는 것 이상이다. 같은 내용물이라도 어떤 케이스에 들어 있느냐에 따라 바를 때의 기분과 효과가 달라지기에 모든 기업이 점점 더 좋은 케이스에 상품을 서비스하려고 노력한다.

이렇듯 우리는 알게 모르게 눈에 보이는 것이 얼마나 가치를 더해주는지 생활 속에서 느끼며 살아간다. 나의 프로그램을 포장할 때도 마찬가지다. 그 내용을 어떻게 가치 있게 전달시키고 드러낼 것인지에 대한 고민을 반드시 해야 한다. 이것도 상품의 외적 프리젠테이션에 해당된다.

이런 부분에 대해 필자와 함께하고 있는 멤버의 대표들에게 지속적으로 도움을 제공하고 있다. 같은 프로그램이라도 남들보다 더 가치 있어 보이도록, 그리고 눈에 띄는 부분에서 놓치는 것이 없게 만드는 것이 내가 하는 일이다. 필자 또한 그것을 중요하게 생각하고 지켜가고 있다. 비즈니스는 고객으로부터 선택받아야 성공한다. 선택받기 위해서는 '나'라는 브랜드를 잘 포장하고 의미 있게 만들어내야 한다.

콘텐츠에 맞는 메시지와 강의안을 구성하자

외적 프리젠테이션이 준비되었다면 이제 고객에게 어떤 메시지를 전달할 것인지 고민해보자. 필요한 사람들이 나를 찾아올 수 있게 하는 방법은 나만의 메시지를 만드는 것이다. 필자가 전달하는 메시지는 명확하다. 자신의 가능성을 발견하고 그것을 온라인 비즈니스로 만들어 수익화하는 것이다. 그러기 위해 실행을 돕는 프로그램을 만들었고 그 실행의 시작으로 외부에 보이는 것에 대한 방법을 제시하고 있다. 아무리 좋은 강의를 들어도 내가 실행하지 않으면 소용이 없다. 시작이라는 단어가 그래서 중요하다. 시작한 후에 완벽을 추구하는 것이 현명하다. 완벽함을 만든 다음 시작하기에는 요즘 시대가 급변하기 때문에 많은 기회를 놓칠 수 있다. 나만의 메시지, 내가 전달하고자 하는 정신적인 가치와 내 콘텐츠가 제공하는 혜택에 대해서 정리해보자.

장이지라는 사람이 추구하는 정신적인 가치는 나의 위대함을 깨워 가능성으로 시작하라는 것이다. 또한 나의 콘텐츠가 제공하는 혜택은 나라는 브랜드를 가치 있게 만들어 온라인 지식 비즈니스의 시작과 수익화를 실현하게 해주는 것이다. 이것은 누구나 가능하고 도전해볼 만한 무자본 비즈니스라는 것을 알리고 싶다. 필자 또한 이를 시작한 덕분에 내가 살고 싶은 삶을 디자인하며 사는 것이 가능해졌다.

메시지가 준비되면 나만의 강의안을 만들어보자. 매뉴얼화가 된 내 프로그램을 소개할 수 있는 강의를 준비하는 것이다. 이것이 준비되어 있다면 언제 어디서든지 내가 만나는 사람들에게 내 브랜드를 소개하고 모객도 할 수 있다. 기억하자. 모든 것은 영업이고 나라는 브랜드를 알리는 마케팅으로부터 출발한다. 기술적인 단순한 방법은 배우면 금방 익힐 수 있다. 그 이전에 진짜 내가 말하고자 하는 핵심 콘텐츠의 메시지를 찾고 언제든지 그 메시지를 상품으로 만들어 설명할 수 있는 강의안을 만들어놓자. 그게 나의 핵심 노하우 중 하나이기도 했다. 언제든지 한 번에 정리된 프로그램 PPT를 준비해 저장해두고 궁금해하는 이들에게 전달하거나 설명한다. 기회의 여신의 머리는 앞에 있다고 한다. 올 때 잡아야 그것이 새로운 또 다른 나의 문으로 안내해줄 것이다.

프로그램 오픈과 홍보 방법을 알아보자

프로그램을 고급스럽게 오픈하고 알리는 방법은 온라인상 다양한 퍼포먼스로 가능하다. 즉 블로그, 인스타그램, 페이스북, 유튜브 등으로 나를 알리는 것이다. 그때 가장 효과적으로 보일 수 있는 방법을 찾아보자. 예를 들어, 블로그는 전체적인 글의 방향성 정립, 인스타그램은 한 컷의 이미지로 카드뉴스 제작, 페이스북과 유튜브는 영상 콘텐츠를 준비해보는 것이다. 내가 더 자신 있게 펼칠 수 있는 SNS마케팅 도구들을 잘 활용해서 그 분야에서 나의 팬들을 모아야 한다.

필자는 15년차 온라인 강사 경력을 바탕으로 온라인 홍보 촬영과 강의를 통해 수익화를 극대화할 수 있는 방법을 고객에게 제공한다. 같은 상품을 알리더라도 지식 콘텐츠에 맞게 더 전문적으로 보이도록 만들어주는 것이다. 각자만의 프로그램을 어떤 식으로 포장하는지 객관적으로 체크해보자.

마인드를 지속적으로 표현하자

마인드를 지속적으로 표현한다는 것은 나만의 메시지를 지속적으로 전달하는 것이다. 조금 더 넓은 차원에서 내가 보이고자 하는 모습을 넘어 내가 진짜 변화를 만들고 싶은 것을 위해 헌신해보자. 그리고 그것을 위해 내 마음을 지속적으로 표현해보자. 내가 헌신을 두는 그곳이, 꽉 막혀 힘들었던 과정을 이겨내고 만들어진 것일 수 있다. 내가 진정으로 바라는 모습을 어떤 마인드로 이루어 나갈 것인지를 찾아보자.

때로는 방법적인 부분은 맞지 않더라도 나와 같은 마인드를 가진 사람들이 모일 것이다. 그렇다면 내가 하는 일에는 최고의 시너지가 될 것이다. 좋은 마음을 표현하지 않으면 아무도 몰라준다. 표현하자. 나타내자. 이제 '나'라는 브랜드는 내가 알려야 한다. 나를 가장 잘 표현할 수 있고 알릴 수 있는 사람은 나 자신이다. 내가 원하는 방향의 모습을 만들고 추구하고자 하는 방향으로 가면서 마인드를 확장한다면 좋은 기운이 좋은 방향으로 나를 이끌 것이다.

내가 곧 상품이 되고 그 상품을 포장하고 진열하는 것도 나 자신이다. 누군가에게 기대거나 의지하기 이전에 내 모습을 내가 만들어 가자. 특히 지금은 온택트(온택트는 비대면을 뜻하는 '언택트untact'에 온라인 연결on 이라는 개념이 더해진 뜻) 시대를 살아가고 있기에 더욱 더 나를 드러낼 필요가 있다. 나를 드러낼수록 브랜드 가치가 생기는데, 그 브랜드가 값어치 있게 보이려면 전략이 필요하다.

외적 프리젠테이션, 나만의 차별화된 콘텐츠 메시지와 강의안 준비, 오픈과 홍보도 보다 더 근사하게 해야 한다. 또한 내가 추구하는 선한 방향의 마인드를 많이 알리고 그 방향으로 나를 이끌어 가며 비즈니스를 실행한다면 온라인을 통하여 우리나라뿐 아니라 전 세계적으로도 알려질 기회를 만들 수 있을 것이다. 세상은 이제 하나로 연결되어 있다.

언어도 큰 문제가 아니다. 통역기술도 AI로 발전하고 있다. 더 큰 세상으로 나아가기 위해 지금 나는 무엇을 준비하고 있는가? '나'라는 브랜드를 만들어 가야 흔들리지 않는 비즈니스 진행이 가능하다.

PART 4

상품을 기획하듯
온라인 클래스를
기획하자

ONLINE
CLASS

1

나와 소비자가 맞닿는 니즈 찾기

여기 용돈을 올려 받고 싶은 학생이 있다. 아버지를 어떻게 설득할지 고민을 하다가 자신이 힘이 세고 청소를 잘한다는 점을 떠올렸다. 본인이 가진 것을 정확하게 파악한 후 그것을 어떻게 활용할지 생각했다. 결국 아버지의 자동차를 세차하기로 하고 용돈을 올려 받을 수 있었다. 이런 경험은 누구나 있을 것이다. 위 학생의 문제는 용돈이 부족한 것이었다. 이것을 해결하기 위해 자신만의 방법으로 아버지를 설득하였다. 아버지 역시 더러운 차가 깨끗해졌으니 문제가 해결된 것이다. 과학자 칼 포퍼는 "삶이란 문제해결의 연속이다"라는 말을 남겼다.

온라인 지식 비즈니스의 본질 역시 '문제해결을 위한 설득'이라고 해도 과언이 아닐 것이다. '문제해결을 위한 설득'의 방법을 가시화하는 것이 바로 기획이다. 우리는 살면서 수많은 문제를 해결하고 남을 설득한다. 이미 많은 기획을 한 셈이다. 그러므로 우리는 이미 기획의 고수인 것이다. 기획을 잘하기 위한 많은 전문지식이 있지만 본질적으로 기획이 설득과 문제해결이라는 것을 분명히 알고 접근해보자.

기획이란

기획에 대한 사전적 정의는 많지만, 좀 더 본질적인 관점에서 본다면, 기획은 한마디로 문제를 해결하기 위한 설득의 과정이라고 할 수 있다. 그러한 과정을 통해 새로운 가치를 창조해내는 것이다. 기획은 문제를 해결하기 위해 새로운 시각으로 그 방법에 접근하는 것이고, 그것을 해결하기 위해 내가 가진 것을 파악하고, 그것을 사용하여 사람들의 문제를 해결하고 가치를 창출하는 것이다.

기획을 어렵게 생각하는 이유

기획이 무엇인지 설명하는 서적도 많고, 기획의 개념에 대해 학문적으로도 넓고 깊게 구축되어 있다. 이러한 기존의 지식에 압도되어, 기획을 어떻게 해야 잘하는 것인지 어려워하는 사람이 많다.

기획이 어렵다고 생각되는 점들

· 난해하고 복잡하다.

· 경영을 전공하지 않았다. 난 학위가 없어.

· 창의성 높은 사람이 잘한다. 난 창의적이지 못해.

· 능력과 경험이 충분한 사람만 할 수 있다.

· 기획을 잘하려면 무슨 책을 봐야 하나?

· 막막하다.

· 예전 것을 다시 해야 하나?

· 귀찮아. 모르겠다.

아마도 대부분 이 생각들 중 하나를 하고 있을 것이다. 본인이 기획에 대해 어떻게 인지하는지 냉철하게 생각해보자. 기획에 대해 가지고 있는 자신의 생각의 틀을 바라보고, 새로운 틀을 적용해보자.

기획의 생각전환

기획은 단순한 것이다. 설득하는 것이다. 우리는 항상 설득하지 않는가? 요구하고 요청하고 설득하는 삶을 산다.

삶은 설득으로 이루어져 있다. 매일 보는 상품광고조차 모두 설득이고, 식당에서 점심 메뉴를 고르는 것도 내 선택으로 설득하는 것이다. 또한 삶에는 문제가 널려있다. 그러므로 문제를 해결하는 것은 가치를 창출하는 것이고 이것은 돈을 버는 것이다. 기획은 어렵고 낯설다는 생각을 내려놓고, 일상에서 새로운 시선으로 주위를 둘러본다면 기획거리는 무궁무진할 것이다.

기획의 중요성

비즈니스는 기획이 시작이다. 기획 없이는 어떠한 일도 할 수 없다. 제대로 만들어진 기획은 비즈니스를 성공으로 이끌지만 엉성하거나 잘못 만들어진 기획은 비즈니스를 실패하게 한다. 실행은 누구나 할 수 있다. 그러나 무엇을 실행할 것인가를 정하는 것은 아무나 할 수 없다. 지금 나의 온라인 지식 비즈니스에서 무슨 일을 기획해야 할까? 가장 효과적인 질문을 넣어보면 무엇을 기획해야 할지가 명확해진다.

내가 진행하려는 프로그램, 또는 이 기획을 통해 도움을 줄 사람들의 문제는 무엇인가?
그 고민을 해결해줄 수 있는 사람은 누구인가?

그들이 이 문제를 겪는 원인은 무엇일까?

이러한 질문을 통해서 다음의 3가지를 정리해보면 더 명확해질 것이다. 이 질문을 기반으로 하여 진행하려는 프로그램의 대상에 대한 문제점, 이를 위한 해결 방법, 이상적인 결과를 정리하면 큰 기획의 틀이 마련된 것이다.

강의 기획 질문

강사들이 자신만의 콘텐츠를 찾지 못하고 있고,
실제 강의로 수익내는 것에 어려움이 있음

강의를 잘 팔리게 기획하기

강의 기획이라는 단계를 통해 자신만의 파워 콘텐츠를 찾아서 만들고
효과적인 강의 단계를 거쳐 판매까지 이루어질 수 있게 만들기

문제	방법(역량)	이상적 상황
– 어떤 문제를(현상을)	– 어떤 역량 향상을 통해 – 어떤 방법을 통해	– 어떤 상태로 만들겠다.

기획의 과정

온라인 지식 비즈니스에도 문제가 여기저기 널려있다. 많은 사람이 문제를 겪고 있는데, 그것을 날카롭고 새로운 눈으로 찾아내자.

결국 기획은 고객의 문제를 찾고, 문제의 원인을 구체적으로 확인해서 교육방안을 제시하는 것이다. 원리, 요령, 단계를 알면 누구나 잘 할 수 있다.

기획은 크게 3단계로 생각해볼 수 있다.
1. 면단계(기획의 큰 그림 그리기, 문제점 발견)
2. 선단계(문제점과 해결책을 이어주는 단계)
3. 점단계(해결책 제시)

1. 면단계
① 고객을 찾는다. 나의 고객은 누구인가? 고객을 한정하라.
② 고객과 소통한다. 충분히 연결하고 교감한다.
③ 고객의 문제를 찾아낸다. 그들은 무슨 문제를 가지고 있는가?

2. 선단계
④ 문제의 원인을 분석한다.
⑤ 문제의 해결방법을 찾는다.
⑥ 그 과정에서 내가 가지고 있는 것, 내가 도움 줄 수 있는 것을 찾는다. 내가 못하는 것은 무엇인지 구체화한다.

3. 점단계

⑦ 문제해결을 실행한다.

⑧ 문제해결 후 피드백한다.

― 《기획에서 기획을 덜어내라》(김도윤 · 제갈현열, 천그루숲, 2018) 참고

| 기획의 핵심

소통과 통찰을 통해 고객의 문제를 찾는 눈과 그것을 해결하는 역량이 가장 중요하다. 그러므로 고객의 문제를 찾기 위해서는 진정성 있는 소통을 해야 한다. 그리고 참신한 시각을 통해 문제를 찾아낼 수 있어야 하는데, 평소 독서와 통찰을 통해 참신한 시각을 갈고 닦아야 한다.

그리고 사람들이 원하는 명확한 해결방법 즉, 콘텐츠를 갖고 있어야 한다. 사람은 자신들의 문제를 해결해주는 콘텐츠에는 망설이지 않고 돈을 내기 때문이다. 그러므로 나의 재능과 능력으로 사람들의 어떤 문제점을 해결할 수 있는지 찾는 게 중요하다. 내가 가진 것, 내가 할 수 있는 것을 정확하게 파악하고 언제나 문제 해결을 위한 준비가 되어 있어야 한다.

프로그램 기획의 예시

뚜렷한 문제인식을 위한 문제점 분석표

구분	문제점	대안방향(idea)
지식	기획에 대한 과정이 없이 강의안만 구성하는 것에서 판매로 이어지는 과정 연결 부족	기획의 단순함과 가벼움 전달
기술	고객이 원하는 포인트를 찾지 못해서 좋은 강의임에도 불구하고 판매가 안 됨	킬링 포인트 찾기와 만족도 높은 강의 만드는 방법 제시
마인드 (태도)	누구나 하는 강의가 아닌 나만의 강의를 만들지 못함 너무 많은 고민을 하여 시작하지 못함	교육 후 시작하는 대상자들 강의 홍보 혜택주기

온라인 지식 비즈니스에서 기획은 곧 사업의 핵이다. 제대로 된 기획을 통해 성장할 수 있다. 제대로 기획하고 진행하면 보이는 눈이 달라지고 행동이 달라진다. 결과에 대처할 힘이 생긴다. 내가 하는 프로그램의 소재가 특별하거나 재능이 뛰어나지 않아도 고객의 문제를 해결하는 것을 기반으로 철저하게 기획되었기 때문에 '망할 확률'이 적다는 것이 포인트다.

지금 기획하고 고객과 함께 고민하고 해결하라. 성공에 한 발자국 더 다가설 수 있을 것이다.

소비자와 맞닿는 니즈 찾기

미국은 자기계발의 천국이라고 할 수 있다. 《도널드 트럼프, 억만 장자 마인드》(청림출판, 2008)에 따르면 미국의 자기계발 시장 규모는 약 190억 달러, 즉 우리 돈으로 20조 원대(1달러를 1100원이라고 가정)라고 한다. 미국에서 지식 전달자가 유망 직업군으로 주목받고 빠르게 성장하고 있다. 인구가 3억 명 이상일 정도로 많아서인지 자기계발 시장도 유의미한 수준으로 커지는 중이다. 오프라인에 있던 상품과 서비스를 온라인에서 홍보하고, 컴퓨터에서 시청할 수 있도록 CD로 녹화해 판매하면서 지식 전달자의 디지털 상품 시대가 보편화되었다.

미국 자기계발 시장의 주 무대가 온라인으로 이동하면서 디지털 상품이 보편화되는 현상이 코로나로 인한 언택트 트렌드에 편승하여 국내 온라인 디지털 상품 시장도 확대되고 있다. 온라인 디지털 상품을 거래할 수 있는 시장이 생겼으니, 고객 니즈에 부합한 콘텐츠를 만들고, 자신의 경험과 지식과 정보를 거래하는 유의미한 가치를 만들어내기만 하면 된다.

지금까지 무지에서 비롯된 착각이나 고정관념은 지식 콘텐츠 상품으로 만들 수 있는 종류가 제한적이었다는 견해다. 자세히 들여다보면 그 종류가 많지 않거나 없는 것이 아니라 지식 콘텐츠를 만들어도 이를 소비해줄 시장이 형성되지 않았다는 게 더 타당하다. 고무적인 건 기존 지식과 정보의 범주를 넘어서는 디지털 콘텐츠 시장이 급격하게 커지고 있다는 사실이다.

지식 전달자가 아니더라도 사람들은 가정, 직장, 어디에서든 항상 조언과 도움이 필요하다. 어느 시대를 막론하고 연애상담, 대인관계, 결혼 및 자녀 양육, 영적 생활 등의 사적 영역부터 부동산, 재무, 경력 관리, 사업, 마케팅, 기술 자문에 이르기까지 그 범위도 다양하다.

자신의 경험과 지식, 정보를 콘텐츠로 변환하여 나누는 그룹을 기존 '지식 전달자'와 구분하여 '메신저'라 부른다. 단순하게 지식과 정보를 전달하는 차원을 넘어 스스로 깨달은 '메시지'나 공유할 만한 의미 있고 가치 있는 '메시지'를 독자나 고객에게 어필하고 그들 마음과 세포 속에 심어주는 역할을 한다.

존 그레이는 남자와 여자가 마치 각각 별개의 행성에서 온 존재처럼 다르다는 점을 강조해 이에 대한 자신만의 독특한 의견을 《화성에서 온 남자, 금성에서 온 여자》(동녘라이프, 2004)라는 책으로 펴냈다. 이후 30년 동안 이와 관련된 일관성 있는 메시지를 또 다른 책, 오프라인 강연, 오프라인 워크숍, 1대1 커뮤니케이션, 커플 및 그룹 코칭에서 전달하며 사업을 확장했다. 디지털 시대에 맞춰 온라인이나 비디오 등으로 만들어 고객들에게 제시했으며 계속 사업을 성장시켰다.

《성공하는 사람들의 일곱 가지 습관》(김영사, 2017)의 저자 스티븐 코비도 의미 있고 효율적인 인생을 살기 위한 일곱 가지 습관을 연구했고, 이를 토대로 10억 달러 가치 이상의 교육 기업을 일구었다. 그의 첫 책은 출간한 지 25년이 지났지만 여전히 비즈니스 부문 베스트셀러 순위를 점유하고 있다. 국내에도 다양한 온라인 과정이 개발되어 '7가지 습관'의 추종자들이 여전히 수익화에 기여하는 중이다. 그가 주창한 7가지 습관은 표현상 습관일 뿐 성공적인 인생을 살기 위한 바람직한 삶의 원칙처럼 강력한 메시지로 고객의 마음속에 자리 잡았다.

또한 비전을 직접 제시하는 것, 비전을 이루어가는 과정, 비전 성취의 결과 등도 이에 해당한다. 분명한 사실은 책이나 다양한 매체에서 얻은 지식과 정보가 아니더라도 직접 경험을 통해 얻어낸 깨달음이 더 의미 있는 콘텐츠가 될 수 있다는 것이다. 그 깨달음의 메시지와 인사이트를 신중하면서도 열정적으로 꾸준하게 전달했을 때 독자와 고객은 당신을 주목할 것이다.

《네 안에 잠든 거인을 깨워라》(씨앗을뿌리는사람, 2008)를 쓴 토니 로빈스는 30년 이상 고객들이 자신의 잠재력을 발견하여 활용할 수 있도록 영감을 불어넣어주는 일을 하고 있다. 특히 그는 대형 오프라인 세미나로 전 세계 수백만 명에게 선한 영향을 미쳤다. 코로나가 일상화된 후에도 그는 온라인 줌ZOOM 생중계를 통해 여전히 동기부여의 대가로서 영향력을 미치고 헌신의 대가로 고객으로부터 헌금(?)을 받아 사업을 성장시켰다. 그는 토니 로빈스 혹은 앤서니 라빈스라는 자신의 이름을 브랜드로 5,000만 달러의 이상 매출을 올리는 사업을 구축했다.

지금, 이 순간 이 글을 읽는 당신도 지식 콘텐츠 기반 메신저가 될 수 있다. 당장 지식 정보 전달자가 아니더라도, 당신이 마음만 먹는다면 가능한 일이다. 지식과 정보뿐 아니라 '메시지'를 전달하는 것만으로도 의미가 있다. 누구나 공감할 만하고 선한 의도가 담긴 '메시지'를 일상에서 찾고, 때로 발견해내고, 실행하고, 공유하는 것만으로도 충분하다. '메신저'로서 비전을 세우고, 그 비전을 이뤄가고, 그 성장의 과정을 통해 당신도 충분히 사람들의 관심을 끌어내 온라인에서 영향력을 행사할 수 있다. 수익화는 그 선한 영향력에 대한 독자나 고객의 보답일 뿐이다.

2

전략적
기버(Giver) 되기

내가 가진 재능과 지식을 상품으로 만들 콘텐츠를 찾았다면 이제 그것을 어떻게 상품화할 것인가를 고민해야 한다. 콘텐츠는 그냥이 아니라 제대로 팔아야 한다. 그리고 제대로 팔려면 기획과 전략이 필요하다. "나무를 베는 데 6시간이 주어진다면 나는 도끼를 가는 데 4시간을 쓸 것이다." 링컨의 말이다.

계획 없이 무모하게 돌진하기보다는 방법을 고민하고 원하는 결과를 끌어내기 위해 어디에 에너지를 더 써야 하는지가 중요하다는 것을 보여주는 말이다. 링컨의 말처럼 콘텐츠를 상품화하기 전에 어떻게 구성할 것인지, 나만의 차별화 전략을 어떻게 짜야 할지부터 시작해보자.

일반적으로 사람들은 내가 가진 것 하나를 어떻게 팔 것인가 생각한다. 반면 소비자는 그 하나를 살 것인지 말 것인지를 결정하기 때문에 파는 행위와 사는 행위 사이에서, 판매자가 원하는 결과를 끌어내는 것이 어렵게 느껴진다. 이때 마케터가 사용하는 고도의 전략을 이용하자.

그것은 바로 상품의 세분화다. 대부분 기업은 하나의 상품만 팔지 않고 고객이 상황에 맞게 선택할 수 있도록 단계를 세분화한다. 이렇게 상품을 세분화하면 고객은 단순히 살지 말지를 정하는 것이 아니라 어떤 것을 사야 할지를 고민하게 된다. 그런 고민을 한다면 일단 구매는 확정되었다 해도 과언이 아닐 것이다.

가장 일반적인 방법으로, 하나의 상품을 3단계로 만든다고 가정하자. 제시한 3단계의 상품을 보고는 그중 하나의 상품을 고를 수

있는 선택권을 부여한다면 가능성이 높아질 것이다.

이러한 구성으로 전략을 짜보면 상품이 하나만 있을 때보다 더 고객의 니즈를 확실하게 알 수 있다. 처음에는 단기나 무료를 많이 선택할 수 있으나 한 단계씩 올라가며 나에 대한 믿음과 충성도가 높아지기 때문이다. 가장 무난하게 팔 수 있는 상품을 표준상품이라고 정한 뒤 그 상품을 구매하도록 유도하는 기본상품을 배치한다. 무료나 저렴한 상품을 구매한 뒤 그것이 마음에 들면 대부분 표준 상품 구매로 이어진다. 나의 상품을 완전히 신뢰하게 된 고객은 고급 및 특별 관계 서비스를 선택한다.

ㅣ 팬들의 관심, 팬심을 얻어라

가장 아래에 준비할 저렴하고 대중적인 상품에 소홀하기 쉬운데, 사람들을 모으기 위해서는 여기에 많은 혜택과 고가 이상의 큰 것이 제공되어야 한다. 필자의 경우 하이업 에듀 강의를 준비할 때 무료 강의이지만 유료강의보다 더 많은 것으로 강의를 구성하고 혜택을 제공한다. 그때 사람은 감동하고 팬들의 관심(팬심)이 강화된다.

좋은 것을 나중에 꺼내려고 아끼고 조금씩 점점 더 나은 것을 주지 말고 처음부터 다 꺼내주자. 필자의 경우 첫 시작인 하이업 실행

프로그램 때도 그러하였다. 아낌없이 주었고 온 마음을 담아 응원했다. 결국 프로그램이 끝나고 나니 남는 돈이 거의 없었고 손해를 보며 진행한 적도 있다.

그렇지만 흔들리지 않고 나와 만난 고객과의 결과를 만들어내는 과정을 정성스레 이어갔다. 그 결과 상위 단계인 고가의 'E-브랜딩 스타 과정'을 만들었을 때 기존에 나와 함께했던 고객이 모두 참여해주었다. 최상위 단계 상품인 '1년 멤버십' 또한 기존에 나와 만났던 고객이 함께했다.

조급해하지 말자. 처음부터 수익을 내려고 계획하지 말자. 계산하고 세부적 전략을 짜기 전에 나의 가치를 알리고 더 많은 사람을 만나는 '널리 알리기' 전략을 세워보자. 내가 브랜드가 되어 비즈니스를 하는 온라인 지식 비즈니스는 내가 가진 콘텐츠도 중요하지만 나라는 사람이 주는 에너지와 가치관도 큰 비중을 차지한다. 나 자신이 진짜 괜찮은 사람이 되어 가치를 전달하자. 그 과정에서 단계를 세우고 쪼개어 프로그램을 만들어본다면 분명 '수익화'라는 결과가 나올 것이다.

고객의 목적성에 기반한 차별화 방법

고객의 니즈를 세분화해보자. 필자의 경우 예를 들어, 줌 강의 활용법에 대한 강의를 오픈할 때, 사전에 구글폼을 작성하여 고객이 하는 일과 이 강의를 신청하게 된 계기, 이유를 쓰게 했더니 정말 다양한 목적을 갖고 참석한다는 것을 알 수 있었다.

- 줌의 기초적인 기능을 배우고 싶어서

- 줌 강의를 잘 활용할 수 있는 기능을 배우고 싶어서

- 카메라 앞에서 말하는 방법을 배우고 싶어서

- 실습강의를 할 때 어떻게 하는지 배우고 싶어서

- 소회의실 활동을 어떤 식으로 하는지 배우고 싶어서

- 강의 시작 전 아이스브레이킹은 어떻게 하는지 배우고 싶어서

- 기능보다 학습자와 연결되는 방법을 배우고 싶어서

이렇듯 고객에게는 다양한 목적이 있다. 그렇다면 여기서 힌트를 얻을 수 있다. 세분화된 이 이유들을 다루는 강의를 구성해보는 것이다. 그것이 일반적인 줌 강의보다 더 차별화된 나만의 강의가 될 수 있다.

참여하는 고객 세분화 방법

- 줌 강의를 한 번도 진행해보지 않은 이를 위한 강의

- 줌 강의를 몇 번 진행해보았지만 익숙하지 않은 이를 위한 강의

- 줌 강의를 많이 진행해보았지만 더 특별하게 학습자를 참여하게 하는 방법을 알고 싶은 이를 위한 강의

세분화시키면 내가 비집고 들어갈 틈새는 언제나 존재한다.

3

큰 시장, 중간 시장,
작은 시장

지금부터 필자가 운영하는 '브랜딩포유'라는 온라인 지식 비즈니스의 가장 핵심적인 노하우를 공개하려고 한다. 컨설팅을 많이 하다 보니 정말 좋은 콘텐츠를 가지고 있지만 모객이 잘 안 되는 이들과 확장에 어려움 있는 이들의 공통점을 찾았다. 모객과 확장에서 바로 본론으로 넘어가 버린다는 공통점이었다.

핵심 콘텐츠를 야심차게 오픈하고 열과 성의를 다해 진행한 후 그 다음 과정으로 연결이 안 되는 것이다. 내가 아무리 건강에 좋고 맛도 좋은 음식을 근사하게 차려 놓아도 아무도 알아주지 않으면 무슨 소용인가. 이럴 때 전체 비즈니스 계획을 짜보는 것이 가장 필요하다. 그에 맞게 구성된 나의 상품이 사람들에게 연결된다면 한 번 오픈하고 지치는 일은 없을 것이다.

'나'라는 브랜드를 알리고 많은 사람에게 오픈할 수 있는 큰 시장을 열고 이에 핵심 콘텐츠를 경험할 수 있는 중간 시장으로 도입하는 구조를 만들자. 이 과정에서 조금 더 긴밀한 관계와 책임제 과정을 만들어 고가의 작은 시장으로 넘어오는 구조를 구축한다면 온라인 지식 비즈니스는 성공이다.

이 과정을 직관적으로 볼 수 있는 도형은 바로 삼각형이다. 삼각형은 피라미드 구조를 설명할 때 그리는데, 아래는 넓지만 위로 올라갈수록 좁아지기 때문에 온라인 지식 비즈니스에서 단계가 필요하다는 것을 설명하기에 적합한 모형이다. 10년 이상 버텨온 비즈니스 대가들의 시스템을 살펴보니 모두 단계가 있었다. 고객이 우리 비즈니스에 접근할 때 자연스럽게 단계를 거칠수록 더욱 충성 고객으로 변모하게 되는 것이다.

그렇다면 어떻게 비즈니스의 단계를 짜야 효과적일까?

큰 시장 만들기, 고객을 한곳에 모으기

나만의 콘텐츠를 비즈니스로 만들기 위해서는 판을 넓혀야 한다. 브랜딩을 완성하고 안정적인 비즈니스로 만드는 방법은 나만의 고객 팬층을 확보하는 것이다. 일반적인 팬을 열성적인 팬으로 바꾸는 방법을 생각해보자. 각자의 콘텐츠나 브랜딩 방법에 따라 큰 시장을 만드는 방법은 다양하다. 필자의 경우 더 두터운 팬층을 확보하기

▶브랜딩포유 : 두 번째 단톡방 입장코드 2022

위해서는 여기저기 흩어져 있는 고객을 한곳에 모아야 더 효과적으로 비즈니스를 전개할 수 있다고 생각했다. 그래서 조금 더 폐쇄적인 공간이 필요했다. 이것이 단톡방을 만들고 키운 이유다.

한마디로 큰 시장을 만드는 것은 빠르게 뛰는 단거리 달리기가 아니라 오래 뛰는 장거리 마라톤의 과정이고 고객을 아주 큰 그물에 모두 모아두는 과정이다. 고객을 큰 그물에 모으려면 많은 시간과 노력, 정성이 필요하다. 천 명이 넘는 사람들에게 필요한 강의를 제공하고 때로는 직접 강의를 하며 지속적으로 내 상품을 알리는 공간을 마련하였다. 또한 좀 더 가까이 자주 많은 사람을 만나며 소통하는 장을 만들기도 한다.

초기에는 큰 수익이 발생하지 않아도 지속적으로 고객과 함께하는 공간을 만들며 진정성을 담아 그들과 연결되자. 가장 중요한 포인트는 진실함이다. 이제는 온라인을 통해 모두 다 오픈되는 세상이다. 자신의 솔직한 모습을 보여주는 것이 최고의 브랜딩이다. 비즈니스를 하기 이전에 나라는 사람이 브랜드가 되어 가치를 수익으로 연결하는 일을 하는 것이다. 내가 전달하는 메시지가 진실하고 그것을 통해 감동과 진정성이 느껴진다면 큰 시장을 만드는 것은 어렵지 않다. 이것이 가능할 때 준비된 콘텐츠를 통한 수익화 또한 가능해진다.

중간 시장 만들기, 고객을 그룹으로 모으기

이제는 큰 시장에서 만난 사람들 중 나만의 콘텐츠를 집중적으로 경험해볼 수 있는 시장을 만들어보자. 다양한 방법이 있겠지만 필자의 경우를 예로 들어보면 10명 이내로 그룹화하여 콘텐츠를 심도 있게 경험하는 프로그램을 만들었다. 비즈니스 주체인 나와 고객이 10명 이하의 소수로 모여 긴밀한 연결감을 형성하고자 했다.

그 결과물이 현재 진행하고 있는 실행 독서 프로젝트다. 일단 가장 시작하기 쉬운 프로그램을 만들고자 했다. 그래서 많은 사람에게 익숙한 독서모임을 만들었다. 독서모임은 누구나 만들 수 있고 참여할 수 있는 좋은 콘텐츠다. 여기에 나만의 매력적인 콘텐츠를 결합하여 다양한 사람과 조금 더 깊게 소통하며 연결될 수 있게 한 것이다. 특히 독서에만 머무는 것이 아니라 바로 삶에 적용 가능한 프로그램을 만드는 데 초점을 맞추었고 프로젝트를 진행하며 필자가 추구하는 방향성과 마인드를 소개했다. 바로 행동을 촉구하는 것이다.

대부분 사람은 생각이 많고 무거워 시작에 뜸을 들이고 머뭇거린다. 이 모임을 통해서는 일단 시작하고 완벽해지는 행동을 하고 자신만의 프로그램을 계획하고 다짐해보는 시간을 갖는다. 또 브랜딩 스타 과정에서는 보다 더 심화된 과정을 소개한다. 디테일한 콘텐츠의 방향성과 프로그램을 실질적으로 만들어보고 이를 홍보할 수 있는 촬영단계를 거친다. 이것이 필자만의 시그니처 프로그램이다.

중간 모임에서도 지킬 것이 있다. 고객에게 주는 혜택을 적당히 제공하지 말고 과할 정도로 제공하라는 것이다. 넘치게 주고 금액의 10배 이상을 제공하라. 기대하는 것 이상을 모두 내어줄 때 기대 이상의 믿음과 팬심이 만들어진다.

콘텐츠는 명확해야 한다. 남들과 같은 방식이더라도 나만이 할 수 있는 핵심 메시지가 전달되어야 한다. 고객은 '장이지'라는 이미지에서 열정, 실행, 에너지가 떠오르고, 모두 행동하게 만든다는 메시지가 떠오른다고 한다. 함께하고 싶어하는 이유가 명확한 이들이 찾아오고, 그런 이들과 만나고 소통하니 결과도 좋을 수밖에 없다.

다양한 사람들이 이 모임을 통해 실행하였고 결과를 만들어냈다. 핵심 메시지를 전달하고, 그것을 각자 자신만의 결과로 만들어낼 수 있게 돕는 것이다. 필자에게 가치 있는 일은 다른 사람들의 성공을 진심으로 돕고 그것을 통해 나의 성공을 만드는 것이다. 이렇듯 의미 있는 일을 하며 비즈니스와도 연결되는 것이 가능하다.

작은 시장

이제 시장을 아주 좁혀서 집중해보자. 고객을 1대1로 만나는 작은 시장을 만드는 것이다. 큰 시장과 중간 시장에서 접한 고객 중 내 가치를 집중적으로 전달해줄 수 있는 대상을 만나 고가의 책임제 프로그램 구성으로 나와 같은 일을 할 수 있게 제공하는 것이다.

이 과정을 진행하기 위해서는 먼저, 나라는 브랜드가 더욱더 확실히 만들어져야 한다. 내가 흔들리면 절대로 만들어낼 수 없는 과정이다. 책임제 프로그램이기에 서로에 대한 신뢰와 믿음이 바탕이 되어야 한다. 이 과정을 고가의 비용을 통해 수익을 추구하는 것이라고 볼 수도 있겠지만, 실상 더 많은 것과 가치를 제공하며 내가 가진 모든 것을 내어주는 일이다. 이에 동의하지 않는다면 중간 시장의 시스템까지만 운영해야 한다. 내가 만든 시스템을 그대로 다 내어주는 과정 또는 결과를 눈에 보이게 만들어주는 과정이라고 할 수 있다. 가치도 중요하지만 그에 따른 결과도 중요하다.

지금 필자는 브랜딩포유 1년 멤버십 과정을 운영한다. 여기에 속한 이들과는 더욱더 많이 소통하고 내 일처럼 함께 고민하고 결과물을 만들어간다. 더 큰 시장에서 수익화를 이루기 위해 무엇이 가능할까 하는 것부터 움직이고 있다. '책임제'가 감당된다면 도전해보자. 여기에서 내 브랜드 가치가 높아질 수 있다. 또한 작은 시장을 만들고 나면 흔들리지 않는 파트너가 생기기 시작한다. 단순하게 돈을 버는 것을 넘어 나와 함께 성장하는, 내가 흔들릴 때도 든든한 지원군이 되어줄 사람을 만나는 것이다.

모든 것은 시스템이다. 내가 어떤 시장, 어떤 고객을 대상으로 무엇을 하는지 모른다면 다시 정리해보자. 단계를 만드는 것은 고객이 나의 비즈니스에 자연스럽게 접근할 수 있는 길을 만드는 작업이다. 큰 그림을 그리고 점점 좁혀서 시장에 뛰어들자. 그러면 고객이 자연스럽게 우리의 비즈니스로 유입될 것이다. 힘든 길을 거쳐 나에게 오기 전에 다른 길로 가거나 지치지 않도록, 고객이 자연스러우면서도 편안하게 나에게 올 수 있는 길을 만들어준다면 나의 비즈니스는 성공할 수밖에 없을 것이다.

4

내 콘텐츠에 맞는
온라인 클래스 플랫폼 찾기

강의 제작과 준비가 어렵다고 느껴진다고 해도 방법이 있다. 자신만의 콘텐츠와 커리큘럼이 있다면 누구나 가능한데, 자신이 원하는 강의를 제작하여 판매까지 할 수 있는 플랫폼을 찾는 것이다.

온라인 강의 플랫폼의 종류는 다양하다. 가장 많이 알려진 오픈 플랫폼은, '클래스101' '에듀캐스트' '클래스유' '유데미' '탈잉' '베어유' '1억뷰N잡' '인프런' 'MKYU' 등이 있다. 기본적으로 각 플랫폼마다 정해진 수수료가 있는데 20~50% 정도라고 생각하면 된다. 큰 플랫폼일수록 오픈의 장벽이 있다. 유리한 조건을 만들기 위해서는 SNS 활동을 하여 구독자나 팬들을 확보해둔다.

코로나19 장기화로 대외 활동이 줄면서 음원이나 동영상 서비스 등 디지털 콘텐츠를 구독하거나 온라인 강의를 활용해 취미 활동과 자기계발을 하는 사람이 늘고 있다. 뱅크샐러드의 통계에 따르면 코로나19 전후 시기인 2019년과 2021년 각 상반기의 디지털 콘텐츠 결제 데이터를 비교 분석했을 때, 전체 이용자의 평균 지출금액이 약 4배 가까이 늘어난 18,343원으로 집계되었다. 디지털 콘텐츠란 멜론, 유튜브, 넷플릭스, 밀리의서재 등 음원, 도서, 동영상 서비스를 제공하는 앱 또는 플랫폼을 말하는데, 이러한 디지털 콘텐츠에 대한 수요가 증가한 것이다.

이와 더불어 온라인 취미 관련 플랫폼 수요도 늘고 있다. 새로운 온라인 콘텐츠 개설 소식이 날마다 문자나 카톡으로 쇄도한다. 클래스101, 탈잉, 하비풀 등으로 대표되는 온라인 취미 플랫폼은 다양한 활동을 배울 수 있는 온라인 사이트다. 재테크, 글쓰기, 홈 트레이닝, 인테리어 소품 만들기 등 수많은 강의가 개설되어 있다.

● **클래스101** (https://class101.net)

현재 국내 최대 규모의 플랫폼으로 취미부터 커리어, 재테크까지 다양한 영역의 강의를 제공한다. 특히 교육을 위한 키트를 완벽하게 제공하여 초기에 좋은 반응을 얻었다. 사전에 추천 받아야 강의를 열 수 있는 것이 특징이다. 그래서 유명인이나 검증된 강사들이 강의를 제공한다.

● **탈잉** https://taling.me)

재능 공유 플랫폼 1위 타이틀에 빛나는 탈잉은 여기서 그치지 않고 온·오프라인을 모두 아우르는 자기계발 플랫폼으로 발돋움하기 위해 온라인 강의 시장에 진출하였다. VOD 클래스와 함께 오프라인, 라이브 스트리밍, e-book, 출판까지 시장 점유율을 높이고 있다. 재미있는 교육을 지향한다.

● **1억뷰N잡** https://www.njobler.net)

코스피 상장 교육전문기업 윌비스가 만든 온라인 클래스 플랫폼 '1억뷰N잡'은 창업이나 투잡, 부업을 준비하는 이들을 위해 다양한 분야의 전문가들이 직접 노하우를 전하는 클래스 플랫폼이다. 실제 해당 직종에 종사하고 있는 전문가들이 정확한 정보와 자신만의 노하우를 전수해주는 교육을 추구하는 것이 특징이다.

● **하비풀** (https://hobbyful.co.kr)

하비풀은 철저히 취미를 배우는 플랫폼이다. 자수, 공예, 캘리그라피 등 취미 분야에 한정된 교육 플랫폼으로 '온라인 취미 클래스'라는 정체성이 매우 확고하다.

● **클래스유** (https://www.classu.co.kr)

클래스유는 강사의 진입장벽이 낮은 플랫폼으로, 저렴한 강의를 제공하며 커뮤니티형 온라인 강의 플랫폼을 추구한다.

● **유데미** https://www.udemy.com

유데미는 실용적인 글로벌 온라인 강의 플랫폼으로, 세계적으로 183,000개 이상의 강의와 4천만 명 이상의 수강생이 있는 온라인 학습 및 교수 마켓 플레이스다. 최근에 유데미 코리아 오픈으로 주목받고 있다.

● **프립** (https://www.frip.co.kr)

프립은 여가 활동, 스포츠, 문화 예술 등 예체능 분야에 특화된 플랫폼이다. 예체능 쪽에 애매한 재능이 있어 강의를 구성하거나 오프라인 모임을 운영할 계획이라면 프립을 추천한다.

● **솜씨당** (https://www.sssd.co.kr)

솜씨당은 '취미 하나쯤은 괜찮잖아'라는 대표 문구처럼 취미와 관련된 다양한 미술, 음악, 요리, 수공예 클래스에 집중되어 있다. 핸드메이드 작품과 음식도 판매 가능하다.

● **홀릭스** (https://holix.com)

홀릭스는 에듀캐스트의 새 이름으로 온라인 강의 중심 플랫폼이다. 대학 및 중고등부 강의 카테고리, 수능 대비 한국사부터 화학, 법학 등 대학 전공 강의가 구성되어 있다. 글쓰기 강의, 어학, 미술, 자산관리, 악기 레슨 등의 온라인 강의들도 개설하고 판매할 수 있다.

● **인프런** https://www.inflearn.com)

인프런은 교양, 커리어, 업무 스킬, 마케팅 등 다양한 분야의 온라인 강의가 있다. 그중 IT 개발, 프로그래밍, 데이터 영역에 더욱 특화되어 있다. IT 관련 지식 및 재능이 있다면 꼭 한번 확인해보길 추천한다.

● **MKYU** https://www.mkyu.co.kr)

자기계발 분야에서 오랜 입지를 다져온 김미경 강사가 만든 플랫폼이다. 온라인 교육 플랫폼이지만 대학 형식으로 구성한 것이 특징이다. 존리, 신사임당 등 유명강사가 다수 포진되어 있다. 3050을 위한 친절한 맞춤형 교육을 지향하며, 커뮤니티가 활성화되어 있다.

상대적으로 진입 장벽이 높은 이들 유명 플랫폼 외에도 소규모 맞춤형으로 온라인 클래스 제작 업체가 늘고 있다. 필자가 직접 만나서 미팅한 결과를 토대로 온라인 클래스 제작업체를 공유하고자 한다. 자신의 지식 콘텐츠 특성에 맞게 취사선택하면 된다.

● Edupresso Live Class https://blog.naver.com/lbs6501

Edupresso Live Class 플랫폼의 교사 및 학생, 모든 참여자가 다양한 교육 도구와 스마트 플립북을 활용하여 참여적 학습방법과 수업을 지원하는 교육 플랫폼을 개발 공급하는 것을 지향한다. 수업 형태는 강의식 수업, 자기 주도식 학습, 수행 코칭형 수업, 토론형 수업 등 매우 다양하게 존재한다.

Edupresso Live Class는 어떠한 수업의 형태에도 활용할 수 있는 참여형 수업도구를 통해 수업의 효과를 극대화한다.

● 고마워클래스

고마워클래스는 소상공인들(강사, 맛집, 뷰티, 쇼핑몰 등)의 연합 플랫폼이다. 강사를 위한 〈고마워클래스〉는 내 브랜드와 원하는 기능으로 커스터마이징(일종의 맞춤 제작 서비스)할 수 있다. 대화형 플랫폼(챗봇)으로 사용이 쉽고 각 클래스 플랫폼에 '상담친구'라는 광고 시스템이 있으며, 내 강의 홍보를 위한 카톡 메시지가 무료로 발송되는 특징이 있다.

PART 5

온라인 클래스
어디에 어떻게 팔까?

1

플랫폼의
특성과 장단점

▶

플랫폼이라는 단어는 중세 프랑스에서 그 기원을 찾을 수 있다. 기차를 타고 내리는 곳이나 도심 지하철의 지하승강장을 지칭하지만, 현대에서는 교통수단과 승객의 접점이 형성되는 특정 공간에서 별도 마케팅 없이 비즈니스 모델이 만들어지고 거래가 이루어지는 공간을 의미한다. 운송수단과 여행객을 연결해주듯, 비즈니스 상에서 플랫폼은 유·무형의 상품과 고객을 연결하는 개념이다. 더 나아가 생산자, 유통자, 소비자를 아우르는 통합적 개념이기도 하다.

온라인 콘텐츠 비즈니스 모델의 기반이 되는 플랫폼은 디지털 콘텐츠의 생산, 소비, 유통이 이루어지는 장소다. 디지털 플랫폼 혹은 'SNS 채널'인 블로그, 인스타그램, 온라인 카페, 카카오 오픈채팅방 등이 온라인 콘텐츠가 생성되고 전파되고 상황에 따라 거래되는 곳이다. 온라인 플랫폼을 통해 자신을 어필하고, 관심 고객을 만나 소통한다. 이벤트를 열고, 각자의 경험을 공유하고 서로 의미를 부여하면서 그 공간의 중요성을 깨닫고 가치를 창출한다.

특히 1인 기업을 지향하는 이들에게 'SNS 채널' 혹은 디지털 플랫폼은 고유한 정체성을 다시금 정의하는 공간이기도 하다. 자신의 정체성을 재정립하고 당당하게 불특정 다수에게 자신을 노출하는 장(場)이다. '관종(관심종자)'까지는 아니더라도 자신이 지향하는 바와 궤를 같이하는 팬들을 모아서 가치를 제공하고 정당한 대가를 받는 비즈니스 장(場)이다.

플랫폼의 기능은 크게 3가지다.

첫 번째는 연결 기능이다. SNS에 모인 회원들이 서로 교류할 수 있도록 장소를 제공하고 서로를 연결한다.

두 번째는 커뮤니티 형성 기능이다. 온라인상에서도 입소문 및 평판을 통한 네트워킹 효과는 특정 플랫폼에 대한 충성도를 높여 계속 머무르게 하는 효과가 있다.

세 번째는 브랜드 신뢰 기능으로써 특정 플랫폼 브랜드가 회원들에게 브랜드에 대한 신뢰를 주기 때문에 이에 걸맞는 일정 수준의 콘텐츠와 서비스를 보장받는다.

대표적인 SNS 채널로 페이스북, 인스타그램, 블로그 등이 있다. 페이스북에서는 온라인상 노출이라도 상대방이 '진정성'을 공감할 수 있는 소통 방식이 가장 중요하다. 인스타그램은 시각적으로 욕망을 자극할 수 있는 비주얼 스토리텔링을 통해 자신을 브랜딩하고 자신의 콘텐츠를 판매할 수 있는 전략이 적절하다. 블로그 운영의 핵심은 유용한 정보 제공이며, 자신의 브랜딩과 판매하고자 하는 유·무형의 상품과 연관된 적절한 키워드를 찾아서 포스팅하는 것이 중요하다.

SNS를 접하는 사람들의 호응을 이끌어낼 수 있는 콘텐츠 구현 전략은 다음과 같다. 사실 위주의 정보 공유도 중요하지만 공감, 감성도 활용할 필요가 있다. SNS에 실리는 이미지나 동영상에 스토리를 입히고, 글은 짧고 간결하게 핵심을 제대로 전달할 수 있어야 한다.

SNS 플랫폼에 머무르는 사람들의 체류 시간을 늘리기 위해서는 재미 요소도 포함해야 한다. 포스팅할 때 운영자 중심의 일방통행식이 아니라 질문을 통해 회원의 참여를 유도하고, 이벤트나 유용한 혜택을 활용하여 회원의 만족감을 높여야 한다.

너무 당연해서 간과하기 쉬운데 회원들이 올린 정보나 질문에 적절한 댓글 쓰기와 답변 올리기가 생각보다 중요하다. 온라인 비대면 상황에서 댓글은 회원 각자에 대한 운영자의 관심 표명의 증거로 작용하고 중장기적 관점에서 회원들과 긴밀한 관계를 유지하는 중요한 수단이다.

온라인 비즈니스에서 운영자 관점으로 모객이 되는 곳은 모두 온라인 플랫폼이라고 정의할 수 있다. 온라인 플랫폼을 효과적인 마케팅 채널로 활용하기 위해서는 1인 기업과 브랜드의 성격에 따라, 제품과 서비스의 특성에 따라 적절히 선택해야 한다. 1인 기업의 목적이 무엇인지를 파악하는 것이 우선이고, 그 목적에 따라 채널을 선택한다. 또한 해당 SNS 채널 내에서 회원들이 어떤 성향을 가지고 있는지 파악하는 것도 필수다.

가장 효과적인 온라인 플랫폼, SNS 마케팅 채널로는 블로그, 인스타그램, 온라인카페 등이 있고 대표적인 특징은 다음과 같다.

1. 인스타그램

페이스북의 '페이지' 기능이 기업의 홈페이지와 비슷한 역할을 하고 조금 더 공식적인 느낌이라면 인스타그램은 보다 사적인 친밀감을 주기 때문에 1인 기업이나 지식 콘텐츠 창업가에게 적합한 채널이다. 파급력은 페이스북보다 떨어지지만 후기 위주의 바이럴 마케팅에는 최적이다. 후기나 댓글로 먹고 산다 해도 과언이 아닌 1인 기업이나 지식 콘텐츠 창업자에게 유용한 채널이다.

개인이 직접 제품·서비스를 사용하고 올리는 포스팅이나 후기, 댓글 등이 직접적인 마케팅에 대한 거부감을 줄여줌으로써 오히려 기존 회원이나 잠재 고객으로 하여금 구매를 유도한다는 점이 특징이다.

2. 블로그

1인 기업이나 지식 콘텐츠 창업자가 자신의 정체성과 핵심 콘텐츠를 노출함에 있어 가장 기본적이고 효과적인 채널이다. 포털사이트에서 검색이 많이 이루어지므로 자신의 브랜드와 지식 콘텐츠를 알리기 위해서 기본적으로 블로그를 꾸준히 하는 것이 중요하다.

자신의 브랜딩 메시지와 콘텐츠의 핵심과 연계된 키워드를 잘 활용해서 유입량을 늘려야 한다. 어쩌다 한 번이 아니라 꾸준히 자주 포스팅해야 해당 카테고리에 노출될 확률이 높아진다. 블로그를 준 홈페이지처럼 사용하면서 친근한 말투로 기존 회원과 잠재 고객에게 다가갈 수 있으며 흘러온 과정을 기록·저장하거나 수정하기 쉽고, 다시 꺼내보기가 수월한 채널이다.

3. 온라인카페

카페와 블로그는 온라인 공간을 활용한다는 점에서 비슷하지만 운영 주체와 대상이 전혀 다르다. 카페의 경우 특별한 관심사로 모인 '회원제'로 운영되는 교류의 공간이며, 블로그는 주로 1인 운영자가 자신의 스토리를 공유하는 표현의 공간이다.

카페는 회합의 특성에 맞는 적절한 정보가 공유되지 않으면 존속 이유가 없다. 운영자에게 많은 권한이 주어지지만 회원 간에 활발한 교류나 자발적인 정보 공유가 없으면 의미가 없다. 블로그에 비해 카페를 키우는 데 상대적으로 시간이 많이 걸린다는 단점이 있다. 1인 기업이나 지식 콘텐츠 창업자 홀로 카페를 키울 수도 있지만, 지역별·주제별 카페, 맘 카페 등 포털사이트의 카페를 타깃에 맞게 잘 활용하면 적절한 마케팅 효과를 볼 수 있다.

2

떠오르는 개인 플랫폼 카카오 오픈채팅방

오픈채팅방은 카페와 유사한 온라인 공간을 제공한다. 차이점은 공통의 대화거리를 카페는 개방적으로 나누는 데 비해 오픈채팅방은 폐쇄적으로 나누는 온라인 공간이라는 것이다. 페이스북이나 인스타그램, 유튜브 같은 개방형 SNS는 수준 높은 콘텐츠를 계속 공급하면서 수익화해야 하는 어려움이 있다. 이에 비해 오픈채팅방은 상대적으로 공급하는 콘텐츠의 질이 낮은 편이다. 콘텐츠 관리보다는 회원을 모으는 방법과 꾸준한 관리에 더 신경을 써야 하는 채널이다.

오픈채팅방은 기본 도달률이 100%라서 정보 전달 관점에서 다른 SNS 채널보다 훨씬 유리하다. 네이버 카페를 활용하여 진행 가능한 비즈니스는 오픈채팅방에서도 거의 가능하다. 강의 홍보, 컨설팅 계약, 사업 파트너 형성, 공동 구매 등도 가능하다.

한편 폐쇄적인 공간의 성격상 바이럴을 활용한 회원 확보가 어려운 점이 있다. 유튜브나 페이스북처럼 광고 등으로 단기간에 몇천 명 단위 규모의 잠재 고객을 모집하기는 쉽지 않다.

이상에서 살펴본 온라인 플랫폼의 특성을 확실히 인지한 후 독자의 성향에 맞는 채널을 선택하고 콘텐츠를 설계하고 관리하는 것이 중요하다. 예를 들어 개인을 상대로 하는 자기계발 시장에서 가장 최근에 등장한 오픈채팅방이 초기에는 가장 적은 수고를 들이고 모객을 하는 데 적합했다. 그러나 곧 우후죽순으로 늘어나 오픈채팅방 간에 차별화 포인트를 찾아보기 힘들 정도로 포화상태가 되어 한정된 자기계발 시장에서의 모객이 점점 힘들어지고 있다.

이런 상황에서 필요한 것이 플랫폼을 만들고 이끌어 갈 수 있는 리더십이다. 일반 기업에서 필요한 리더십과는 성격이 다른 '커뮤니티 리더십'으로 무장한 리더가 필요하다. 끊임없이 회원들과 함께 배우고 성장하는 데서 한발 더 나아가 회원들의 다양성을 인정하고 끌어안을 수 있는 리더십이 필요하다.

공감 능력으로 회원들이 동반성장 할 수 있도록 이끌어 가는 사람이 커뮤니티 리더로서 온라인 플랫폼 성격에 맞게 회원들을 케어하고 수익화해야 한다.

리더십 스펙트럼

전통적 리더십	VS	커뮤니티 리더십
결과에 집중한다	↔	관계에 집중한다
지시하고 통제한다	↔	타인에게 힘을 북돋아준다
목적에 맞게 커뮤니케이션을 한다	↔	열린 커뮤니케이션을 한다
위계적이다	↔	협력적이다
규율에 의거하여 운영을 한다	↔	사람들을 참여시킨다

출처 https://brunch.co.kr/@amandaking/75

동시에 어떤 채널을 활용하든 당장 가시적인 성과가 나오지 않더라도 포기하지 않고 꾸준히만 한다면 성과가 좋을 수밖에 없다. 단기간에 많은 콘텐츠와 정보를 쏟아붓는 것보다 하나씩 하나씩 적게라도 오랫동안 올리는 것이 중요하다. 1인 기업이나 지식 콘텐츠 사업가의 성공적인 마케팅을 위해서도 가장 중요한 것은 커뮤니티 리더십에 기반을 둔 꾸준함이다.

3

핫하다 못해 뜨거운
VOD 클래스 플랫폼

VOD Video On Demand 서비스는 가입자 요구에 보다 탄력적으로 대응해 서비스를 제공할 수 있는 장점이 있다. VOD의 초기 서비스는 하나의 동영상을 일정 시간별로 나눠 복수 채널을 사용해 내보내는 수준이었다. 예를 들어 90분짜리 교육을 10분 간격으로 9번 내보내면 수강생 입장에서는 최대 10분만 기다리면 원하는 프로그램을 처음부터 볼 수 있었다.

VOD 서비스의 발전된 모습은 대화를 통한 쌍방형 방식이다. 흔히 이를 멀티 미디어 시대의 궁극적인 화상 서비스라고 부르는데 온라인 TV 게임, 멀티미디어 학습 등에 활용된다.

흔히 대화형 서비스의 발전 수준은 3단계로 구분된다. 1단계는 단순히 교육 채널이나 동영상을 선택하는 정도이고, 2단계는 원하는 프로그램을 반복 재생해볼 수 있다. 이것이 발달해 일정 부분만 선택·반복해볼 수 있다. 마지막 3단계는 다른 수강생이나 다른 시스템과도 대화할 수 있다.

네이버는 실시간 맞춤형 지식 상담 플랫폼 '지식인 엑스퍼트 eXpert'에 VOD 기능을 추가했다. 지식인 엑스퍼트는 특정 분야 전문가와 사용자가 실시간으로 1:1 커뮤니케이션하는 지식 상담 플랫폼이다. 세무와 노무 등 전문 분야로 시작해 필라테스와 피트니스 같은 운동, 요리와 미술 등 43개 주제에서 300여 명의 전문가가 3600여 개 클래스로 확장했다.

네이버는 엑스퍼트에 참여한 전문가와 사용자가 실시간 커뮤니케이션을 하기 전 동영상으로 관련 내용에 대해 먼저 공유할 수 있게끔 했다. 1:1 커뮤니케이션을 통해 더욱 효과 높은 프로그램을 진행할 수 있도록 VOD 클래스를 도입했다.

각 영역의 전문가들은 VOD 클래스로 자신의 프로그램을 동영상과 1:1 상담으로 구성하고, 사용자들은 미리보기 등을 통해 전문가의 다양한 콘텐츠를 전체 과정이 아닌 자신에게 필요한 콘텐츠만 선택해서 활용한다. 사용자들은 미리 동영상으로 관련 콘텐츠를 시청한 후 40일 이내에 전문가와 1:1 상담을 진행할 수 있다. VOD 클래스는 수강생과 동영상 및 상담을 연계해 더욱 효과적이다.

온·오프라인 클래스 플랫폼 '탈잉'도 제8회 브런치북 출판 프로젝

트 수상작의 온라인 클래스 VOD 오픈과 함께 해당 강의를 동시에 론칭했다. '브런치북 출판 프로젝트'는 새롭고 참신한 아이디어를 가진 신진 작가를 발굴하는 등용문으로 알려져 있다. 이번 프로젝트는 탈잉과 함께 특별상 수상 작가들에게 VOD 클래스 제작 기회를 제공한 것이다.

4

영상 제작 필요 없는
온라인 라이브

코로나19 이전으로 돌아가 생각해보자. 성인 대상 강의를 하려면 온라인에서 모객을 하더라도 오프라인 강의장을 임대하거나 필요할 때마다 몇십, 몇백만 원을 내고 강의장을 대여했다. 공간의 한계로 인해 인원 제한이 있고 참여자에게는 거리 제약이 있었다. 지방에 사는 이들이 강의를 듣기 위해 주말이나 새벽에 서울로 올라오는 경우도 있었다. 그러나 코로나19 이후 온라인 라이브 강의로 지역과 시간의 제한을 넘어서 강의를 열 수 있게 되었다. 코로나로 인하여 아예 온라인 강의가 생활화되었다.

온라인 비즈니스 수익화에 가장 효과적인 방법이 온라인 강의를 진행하는 것이다. 강의뿐 아니라 온라인으로 내가 전하고자 하는 메시지를 촬영하고 그 방법으로 알리는 것이 필요하다. 그중 오프라인의 현장감을 가장 잘 느낄 수 있게 하는 온라인 라이브 강의에 대해서 알아보겠다.

온라인 라이브 소개

언택트 시대에 필수로 준비해야 할 것이 온라인 라이브다. 온라인 라이브 강의란 쉽게 말해 정해진 시간에 온라인 강의 매체에 모여 강의를 하는 것이다. 코로나19 이전에 온라인 라이브 강의는 그다지 활성화되지 않았었다. 그러나 코로나19로 인해 오프라인 활동이 전면 중단되자, 오프라인 강의를 대체할 수 있는 온라인 화상 강의 시스템이 전 세계를 강타하였다. '2020년 학습을 위한 최고의 도구' 설문조사 결과 구글 검색과 파워포인트를 이기고 유튜브 다음으로 줌zoom이 차지한 것을 볼 수 있다.

코로나로 인한 환경적 영향과 그에 대처하고 있는 기술의 변화가 만나 거대한 새로운 교육시장이 형성되고 있다. Z세대는 오히려 이러한 디지털 교육환경에 익숙하고, 마치 물 만난 물고기와 같이 그 환경에 적극적으로 대응한다. 직접 만나 설득하고 자리를 마련하고 만드는 것이 아닌, 온라인상에서 자신을 어필하고 사람을 모으고 자신의 매력을 표현하고 있다. 필자와 같이 예전부터 온라인 교육으로 활동하던 사람들에게도 매우 좋은 기회를 맞이한 상황일 수 있다.

하지만 온라인 교육의 급작스런 확대에 따라 온라인 전문가들이 주목받는 것도 지금 잠시뿐, 필수적으로 모든 학교의 교육이 비대면으로 이루어지기 때문에 온라인 교육이 보편화되는 것은 시간문제다. 보편화되는 상황을 수동적으로 바라보고만 있을 것인지, 그것을 기회로 만들어 내가 중심에 설 것인지 각자 판단하여 빠른 대처를 해야 한다.

온라인 실시간 강의는 다양한 형태로 구성되어 있다. 진행되는 방식 중 크게 3가지에 대해 설명하겠다.

웹캐스트라고 불리는 실시간 라이브 강의는 많은 사람이 참여하지만, 일방적인 강의 전달 위주다. 피교육자의 참여 방법은 채팅창 등을 활용하여 문자로 질문하는 것인데, 이를 통해 호응도를 판단할 수 있다. 유튜브 라이브가 그 예다.

웨비나는 웹 사이트에서 진행되는 세미나를 의미하는데 상대방과 토론하는 형식이나 질문과 답변으로 이루어진 세미나 형식을 말한다. 필자가 참여한 코칭 프로그램에서 100~200명 정도가 모여 코칭을 원하는 사람들이 대표로 코칭을 받으며 참여하는 시스템이 웨비나 형식이었다. 줌 프로그램을 통한 강의가 가장 대표적인 예다.

마지막으로 온라인 라이브의 가장 핵심적인 부분이 잘 나타나는

구분	줌 Zoom	웹엑스 Webex	팀즈 MS Terms	구글 미트 Google Meet
무료	40분 회의, 100명 제한	50분 회의, 100명 제한	60분, 300명 제한	60분 (2명은 제한없이 사용 가능), 100명 제한
가격	월 15달러 (최대 100명)	월 15달러 (최대 100명)	월 4,500원 (최대 300명)	월 8달러 (최대 150명)
화면	49명	25명	49명	16명
녹화	가능(무료)	가능(무료)	가능(무료)	가능(유료)
장점	편의성, 듀얼모니터 지원, 가상배경, 얼굴보정 가능, 호스트컨트롤 기능, 가입×, 링크 초대	강력한 보안성, 가상배경, 인텔리전스 기반 회의, 줌과 비슷하여 친숙함.	소회의실 개설 편리, 워드, PPT 등 자료 공유 용이, 대용량 파일 첨부 가능	유튜브 공유 성능 탁월, 구글 기능 호환 탁월, 링크 초대
단점	시간제한 있음, 보안문제 개선 중(화상회의 무단 접근 취약, 회의링크로 윈도우 암호 유출 위험)	홈페이지에서만 이동 변경 가능, 슬라이드쇼 자체 공유가 안 됨.	참여자 MS계정 필요, 초대 참여 다소 불편, 웹과 앱 기능에 차이 있음.	호스트 G-suite for education 계정 필요, 참여자 Gmail 계정 필요

버추얼 클래스가 있다. 버추얼 클래스는 마치 오프라인에서 진행하는 것처럼 적정 인원이 모여 상호작용하는 라이브 강의를 말한다. 버추얼virtual 의 뜻처럼 가상이라는 것은, 온라인이지만 오프라인과 같은 진행이 가능한 형식이라는 의미다.

다양한 기업이 화상 강의 시스템을 만들었지만 현재 가장 강세인 툴은 줌이다.

구분	구르미비즈 GooroomeeBiz	웨일온 Whale ON	게더타운 Gather Town
무료	1:1 회의 무제한 회의 수 5개까지 가능	500명 제한	25명 제한
가격	월 4,900원(최대 4명) 가격문의(최대 300명)	무료	2시간 2달러 1일 3달러 월 7달러(최대 500명)
화면	64명	49명	9명
녹화	가능(유료)	불가능	불가능
장점	출석 기능, 링크 초대, 동영상 공유 가능, 그룹 토의 시, 한 화면에 모든 참가자 볼 수 있음.	시간 제한 없음. 전용회의실 가능, 화면 공유 가능, 쉬운 인터페이스	유동적인 화상 채팅, 다양한 오브젝트 활용, 커스터마이징, 가상공간 앱과 개인 앱 제작 가능
단점	엔터프라이즈 기능을 원할 경 우 별도 가격문의 필요	자체 녹화 기능 없음.	인원 추가 시 인당 추가비용 발생. 스마트폰 사용에 제약 많음.

| 온라인 라이브 강의를 잘 하기 위한 3요소

첫째, 철저한 기획을 통한 탄탄한 교육 설계다.

오프라인보다도 더욱더 철저하게 타임 테이블을 만들고 시간 내에 전달할 내용을 만들어놓아야 한다. 이 작업을 하지 않고 진행하면 좋은 결과를 기대하기 어렵다. 필자는 15년의 경력이 있음에도 강의마다 반드시 타임 테이블을 만들고 그에 따라 진행한다.

둘째, 강사와 수강생 간의 상호 존재감을 고려하여 상호작용을 이끌어낼 수 있는 구성이다.

이러한 구성을 만드는 데 필요한 것은 스킬이다. 기획 단계에서 전략적으로 다양한 방법을 설계해놓고 툴의 기능을 다루는 스킬을 익혀야 한다. 그렇다면 오프라인보다도 더 효과적인 강의와 현장감을 느낄 수 있을 것이다. 줌으로 강의 시 강사와의 상호작용을 극대화하기 위해 수강생이 화면을 켜고 소통할 수 있도록 간단한 선물을 준비하여 참여를 유도하는 방법이 그 예가 될 수 있다.

셋째, 민첩한 대처 능력과 오픈 마인드가 필요하다.

강의가 온라인으로 이루어지기에 가끔 예측하기 어려운 돌발상황도 생긴다. 그래서 긍정적인 마인드와 빠른 대처 능력이 요구된다. 또한 유료 라이브 강의 중 링크를 유출시키거나 불법으로 캡처하고 녹화하는 경우도 있다. 불법 녹화를 하지 않는 것은 기본적인 온라인 강의 예의이자 강사에 대한 저작권 존중이지만, 배움에 대한 과도한 욕구로 불상사가 일어나기도 한다. 이러한 상황 때문에 나의 노하우가 오픈된다는 불안함이 생기겠지만 불안감을 내려놓고 일단 강의에 집중하자. 그리고 민첩한 대처 능력과 오픈 마인트를 확립하도록 하자.

이제 시대는 변했다. 새로운 세상에 적응하며 더 새로운 것을 만들어보자. 가만히 있으면 안전해보이지만 그것은 위험한 벼랑 끝에 서있는 것과 같다. 무엇을 하든 100% 만족할 수는 없다. 온라인으로 교육하는 세상이 열리면서, 각 지역에 국한되었던 강의 시장이 우리나라 국민, 나아가 전 세계인을 대상으로 할 수 있도록 확대되었다. 거대한 시장이 열려있는 이 시점에 마인드 컨트롤을 하며 적극적으로 확장의 기회를 잡아보자.

5

블렌디드 러닝
(온라인라이브+VOD영상+오프라인)

코로나19는 오프라인상의 소그룹 혹은 대단위 집합 교육을 불가능하게 만들었다. 대면접촉뿐 아니라, 실습교육 도구와 기자재를 직접 활용하는 것도 어려워졌으며, 시·공간을 가로질러 사람을 연결해야 하는 초유의 사태가 발생했다. 기존의 교육방식과 달리, 보다 안전하고 새로운 교육방식으로 코로나를 극복할 수 있는 교육적 대응이 필요한 시기다.

이러한 사회문화적 배경에서 온라인과 오프라인 수업을 융합한 블렌디드 러닝이 새로운 대안으로 부각되었다. 블렌디드 러닝이란 융합형 학습으로, 두 가지 이상의 방법을 결합하여 이루어지는 학습 방식을 말한다. 보통 오프라인 수업과 온라인 수업을 결합한 수업 방식을 말한다. 온라인 수업은 오프라인 수업에 비해 많은 장점이 있지만, 오프라인 수업의 장점을 완벽하게 온라인 수업으로 대체할 수 없다. 블렌디드 러닝은 온라인 수업의 장점과 대면 수업의 장점을 결합하여 교육 효과를 극대화하자는 목적에서 진행되는 교육 방식이다.

온라인 수업은 단순 정보나 지식을 전달하거나 이해시키는 활동에 있어서 대면 수업에 비해 유리하다. 반면 배운 내용을 분석하여 종합하고 적용하는 등의 궁극적 사고력 향상에는 한계가 있고 교육 효과가 배로 증폭되는 실기, 실습 등의 대면 활동이 쉽지 않다. 그러므로 온라인 수업의 특성과 대면 수업의 특성을 파악하여 각각의 장점을 극대화시킬 수 있는 접근이 필요하다.

어중간한 융합으로 온라인 및 오프라인 수업의 장점을 오히려 약화시킨다면 차라리 온라인 수업과 오프라인 수업 중 한 방식을 선택하여 운영하는 편이 더 효과적이다. 실시간 양방향 온라인 수업과 소그룹 단위의 오프라인 토론 수업이나 코칭을 병행하여 실제 수업과 비슷한 수준의 강의를 구현하면 교육 효과가 높아진다.

그런데 블렌디드 러닝은 단순한 수업 방법의 융합이 아니라 교육 과정 재구성을 넘어 교육과정을 새롭게 디자인하는 접근 방식이다. 블렌디드 수업에서는 티칭 Teaching 보다는 코칭 Coaching, 즉 강사가 무엇을 전달하느냐보다 수강생이 자기주도 학습을 할 수 있도록 도움을 주는 것이 중요하다.

블렌디드 러닝도 다양한 방식으로 진행할 수 있다. 예를 들어 30명 미만의 중소형 교육의 경우, 수강생이 온라인 VOD 영상(온라인 핵심 콘텐츠)을 수강하고 해당 강사가 학습코칭 방식으로 학습 상태를 점검하고 피드백 후 평가하는 방식이다. 이런 경우는 학생의 만족도가 대면 수업과 비교하여 크게 떨어지지 않고, 학습 효과도 좋다. 소수의 강사, 특히 1인 기업 강사가 다양한 수강생의 니즈를 채워줄 수 있는 현실적인 교육 방법이다.

전체 교육과정의 30%는 기존 오프라인 성격의 교육과정, 30%는 특정 이슈를 해결하는 프로젝트 중심 과정 혹은 소그룹 코칭 과정, 나머지 40%는 온라인 VOD(강사가 자체 제작한 콘텐츠와 유명 교육 기관 제휴 콘텐츠)와 학습코칭 수업으로 구성하여 운영하는 방식도 있다. 즉, 전체 교육과정에서 30% 정도는 수강생이 본인 희망 과목을 온라인 과목으로 수강하고 담당 강사가 줌이나 온라인 라이브로 피드백과 평가를 하는 형태로 수업을 진행한다. 이러한 방식을 채택하면 회원제 운영을 통해 다양한 과목을 개설하여 단계별로 수강 이력을 쌓아가는 학점제 방식으로 교육과정을 운영할 수 있다.

블렌디드 러닝은 수강생의 개별성에 주목한다. 수강생 한 명 한 명은 다양한 필요와 흥미, 적성과 소질, 능력과 수준을 가지고 있다. 기존 오프라인 교육에서는 제한적인 형태로 구현되었지만, 이제 블

강사 브랜딩 프로그램 더보기

브랜딩 스타

— **Content Online**

나의 콘텐츠를 온라인화 시키다.

나의 몸값 올리기! 누구나 할 수 있습니다.

이제 자신의 몸값을 올리는 방법 살아나는 방법은 빠르게 온라인의 세상과 친해지고 나의 콘텐츠를 온라인화 시켜 알리는것입니다.
늘 진심과 최선을 다하면서 듣고있으며 모든 사람들이 자신의 진짜 원하는 삶으로부터 그것을 디자인하여 살아가는 것에 헌신이 있습니다.

그것을 위해 행동으로 옮기셔야 하고 그 실행의 힘을 해 위해 마이업 온라인 독서모임으로 좋은 에너지를 채워 드리고 채우고 있어요.
또한 거기에 멈추지 않고 삶을 변화시킬 실제의 행동을 디자인하며 만들어 갈 수 있도록 믿고 연결하여 자신을 브랜딩 하고 이를 촬영으로 연결할 수 있게 돕습니다.
말은 거창하지만 누구나 할 수 있다고 생각하며 그것을 도와드리기 위해 항상 최선을 다하고있습니다.

렌디드 러닝을 통한 온·오프라인 수업은 학생의 다양한 특성을 반영하는 개별 피드백이 가능해졌다. 이러한 특성으로 대부분 수강생은 다양한 형태로 성장이 가능해지고, 그 교육 기관만의 돋보이는 교육 효과를 만들어내는 잠재력을 보여줄 수 있다.

이런 블렌디드 러닝의 맥락 안에서 필자의 브랜딩포유 온라인 교육 홈페이지 내 전체 교육과정이 설계되었다. 온라인 지식 크리에이터로 거듭나기 위한 블렌디드 방식으로 구현되었는데 줌·온라인 라이브 강의 및 코칭, 동영상 VOD과정, 오프라인 강의 등의 구성이다.

브랜딩포유의 온라인 지식 비즈니스 커리큘럼

한 사람의 온라인 지식 크리에이터로 성장하기 위해서는 먼저 줌이나 온라인 라이브로 자신의 강점을 발견할 수 있는 강점 코칭 과정을 수강해야 한다. 강점 코칭에 관한 온라인 라이브 강의를 듣고,

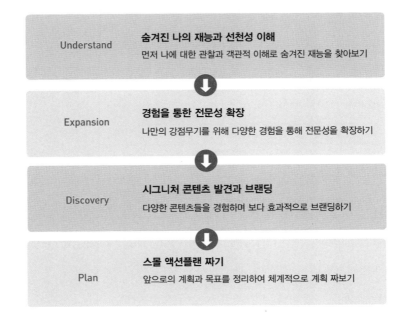

사전 배포된 질문지에 대한 답변을 토대로 자신의 강점을 발견할 수 있는 일대일 집중 코칭이 줌을 통하여 이루어진다.

다음 과정으로 자신이 발견한 강점을 콘텐츠로 만들어 수익화할 수 있도록 동기부여 받고 실행력도 배가시킬 수 있는 실행 독서 프로그램에 초대된다. 온라인 줌 4주 과정을 통해 자신의 강점을 콘텐츠로 전환할 수 있다는 자신감을 충전하고, 또 구현하고자 하는 콘텐츠의 콘셉트와 강의주제, 운영하고자 하는 교육과정 등의 실마리를 얻을 수 있다. 5주차에는 오프라인 모임을 통하여 지식 크리에이터로서 자신의 비전과 실행 계획을 선포한다. 그동안 종이에 적은 계획에 대한 실행 의지를 강화할 수 있도록 온라인과 오프라인을 적절하게 융합하여 교육 효과를 극대화할 블렌디드 방식으로 설계되어 있다.

6

요즘 누가
텍스트로 홍보하지?

백마디의 말이나 글보다 한 장의 사진으로 표현하는 것이 효과적이고, 백 장의 사진보다 짧은 동영상 한 편의 파급력과 영향력이 커진 세상이다.

온라인 콘텐츠를 만들고 공유하는 정보기술IT 플랫폼의 영향력이 확대되면서 콘텐츠 제작으로 수익을 창출하는 '크리에이터 이코노미'(창작자 경제) 트렌드가 지속되고 있다. 크리에이터는 영상, 음악, 소설, 그림, 만화, 디자인, 팟캐스트 강좌 등 창의적인 콘텐츠를 만드는 사람이다. 실제로 유튜브, 라이브커머스 등 국내 1인 미디어 시장은 2018년 3조 9000억 원에서 2021년 6조 원대로 성장했다고 한다. 미디어미래연구소는 크리에이터 이코노미가 2023년 8조 원 규모로 성장할 것으로 예측했다. 온라인 세상에 존재하는 모든 창작

물이 디지털 자산으로 재평가되는 요즘 개인 창작 클래스부터 웹툰, NFT(대체불가토큰)까지 크리에이터 이코노미가 대중화되고 있는 추세다. https://newsis.com/view/?id=NISX20220304_0001781977

1인 기업 혹은 지식 콘텐츠 크리에이터로서 페이스북, 유튜브, 카카오페이지, 인스타그램, 밴드, V LIVE, 아프리카TV 등 다양한 소셜 채널에서의 동영상 콘텐츠 홍보 방법을 고민하고 적극적으로 활용해야 할 이유로 충분한 전망 수치다. SNS 동영상 홍보 마케팅은 적은 비용으로 많은 사람에게 노출할 수 있는 저비용 고효율 홍보 마케팅 방법의 하나다.

동영상은 강력한 소통 수단

예비 콘텐츠 구독자나 잠재 고객은 긴 제품 설명서를 읽거나 웹사이트의 상품 설명 페이지를 찾아 읽을 시간이 없다. 오히려 실제 유저가 사용한 제품 영상 후기를 보는 것이 익숙하다. Z세대는 네이버 포털 검색 대신 유튜브를 검색한다.

자신의 타깃 고객이 소위 MZ 세대라면 자신의 콘텐츠를 동영상으로 홍보하는 것은 선택이 아니라 필수다. 80년대 초반부터 2000

년대 초반까지 출생한 M세대와 2000년대 초 IT 붐과 함께 성장한 Z세대는 스마트폰을 비롯한 디지털 기기에 익숙하고 인터넷 미디어를 적극적으로 활용하는 성향을 보인다. 라디오·TV·책보다 인터넷 미디어를 애용하며, 인터넷 중에서도 글이 아닌 '동영상'을 가장 많이 이용한다.

이런 맥락에서 자신의 콘텐츠를 홍보하려는 1인 기업이나 지식 콘텐츠 크리에이터는 홍보 동영상을 적극적으로 활용해야 한다. 사진보다 신뢰성이 높고, 핵심 콘텐츠를 신속하고 생생하게 전할 수 있기 때문에 SNS상에서 텍스트보다 훨씬 빨리 공유되고 많은 공감을 얻을 수 있다.

동영상은 브랜드 인지도를 높이는 효과도 있다. 동영상 콘텐츠를 마케팅에 활용한 대표적인 사례로 BTS(방탄소년단)를 꼽을 수 있다. 그들은 유튜브를 포함한 SNS 채널에 친숙한 영상 콘텐츠를 올렸다. 멤버들끼리 노는 동영상을 업로드하면 팬들은 그중 마음에 드는 장면을 편집해 온라인 커뮤니티나 개인 SNS에 게시했고 다른 팬들이 이를 퍼가고 확산시켰다. BTS는 기존 공중파 TV 방송에 집중해오던 가수들과는 달리 유튜브 채널이라는 새로운 매체를 활용하여 전 세계에 자신들을 알렸다.

동영상은 사진과 텍스트로만 구성된 콘텐츠를 뛰어넘어 이성과 감성을 아우르는 메시지를 전달할 수 있는 공감 콘텐츠다. 특히 제품이 작동하는 모습을 동영상으로 보여주면 신제품을 훨씬 생생하게 알릴 수 있다. 행사도 동영상으로 홍보하면 현장의 느낌이 생생하게 전달된다. 모바일 퍼스트 시대에 이어 '동영상 퍼스트' 시대인 오늘, 성공적인 홍보를 위해서는 동영상을 활용해야 한다.

동영상으로 브랜드와 콘텐츠를 홍보하는
브랜딩포유의 스타 브랜딩

1인 기업 혹은 지식 콘텐츠 크리에이터로서 새로운 교육과정 출시 등의 뉴스가 있다면 동영상을 제작하여 글로 쓴 안내문과 함께 배포할 때 홍보 효과가 배가된다. 필자가 진행 중인 브랜딩포유의 스타 브랜딩도 1인 기업이나 지식 콘텐츠 크리에이터가 동영상으로 자신의 브랜드와 콘텐츠를 홍보하는 과정이다. 3분 내외의 짧은 영상만으로도 글이나 사진으로 홍보하는 것보다 SNS상에서의 파급력이 더 크고 효과적이다.

목적을 두고 실행하는 브랜딩포유

콘텐츠를 더욱 매력적으로 만들고 브랜딩하여 결과 도출	나의 콘텐츠를 온라인화하여 알림으로써 몸값 올리기	빠르게 변화하는 현대사회의 온라인 세상과 친해지기

1단계 : 매력적인 콘텐츠를 찾고 브랜딩 완성하기

2단계 : 직접 강의를 기획해 커리큘럼 짜기

3단계 : 온라인 강의 촬영 노하우와 PPT 피드백

4단계 : 강의촬영 프로젝트 1:1 코칭 오픈

　필자가 운영하는 브랜딩포유의 스타 브랜딩 과정은 궁극적으로 동영상 강의를 촬영하는 것이 목표이지만 무턱대고 동영상을 촬영하지 않는다. 1인 기업이나 지식 콘텐츠 크리에이터의 강점을 활용하여 사전에 철저하게 기획되어 진행된다. 매력적인 콘텐츠를 발굴하고 직접 강의를 기획해 커리큘럼을 짜고 온라인 강의를 촬영하는 체계적인 프로세스를 거쳐 완성된다.

7

상품 소개 글은
설명하는 글이 아니다

▶

콘텐츠의 특성을 제대로 살려서 독자나 고객에게 어필하는 것이 생각보다 쉽지 않다. 그럴 때는 콘텐츠 자체에 대한 설득 중심의 글보다 자기소개 글을 써보면 좋다. 전문적으로 블로그 수익화를 자문하는 컨설턴트들이 권장하는 방법이므로 시도할 가치가 있다. 본인이 쓰고자 하는 글이나 콘텐츠를 통해서도 자신을 드러낼 수 있지만 의도적으로 쓴 자기소개 글만큼 제대로 드러내는 것은 없다.

10년 전 이상으로 거슬러 올라가 살아온 이야기를 친한 친구에게 이야기하듯 사진과 함께 담담하게 써나가면 된다. 자연스럽게 자신이 1인 기업을 시작하게 된 이유나 지식 콘텐츠 크리에이터로서 살아가게 된 이유를 살짝 덧붙이면 좋다.

예를 들어 영어 학습 관련 콘텐츠에 관한 글을 쓴다면 효율적이고 효과적인 영어 공부 방법 이전에 왜 영어 강사를 하게 되었는지부터 시작하는 것이다. 영어 강사 활동을 하면서 무엇을 얻었는지, 영어 강사 활동으로 나의 삶이 어떻게 나아졌는지 친구에게 이야기하듯 써나가는 것이다.

독자들이 당신의 자기소개 글을 읽으면서 공감대를 형성하고 인간적인 면에 호감을 느끼기 시작하면 당신의 콘텐츠에 대해서도 관심을 갖는다.

이 사람 진짜 아이들을 사랑하는구나.
정말 열정적이네. 뭐 하나에 꽂히면 끝장 보는 스타일이구나.

여기서 한발 짝 더 나아가

정말 정이 넘치는 사람이군.
이 사람과 함께하면 뭐라도 이룰 수 있을 거 같아.

이런 호감과 신뢰를 줄 수 있는 자기소개 글을 쓰면, 궁극적으로 독자에게 하고 싶은 자신의 콘텐츠에 대한 제안을 더욱 쉽게 할 수 있다. 혹여 자기소개 글이 불편하게 느껴지면 자신의 이야기를 군이 할 필요는 없다. 온라인에 자신을 노출하는 것이 익숙하지 않다면,

또한 혹시라도 자신의 일상을 오픈해서 예기치 않은 위험에 노출될 수도 있을 거라 우려된다면 무리하지 않아도 된다. 특히 가족의 일상을 공유함으로써 여러 불미스런 이슈에 얽힐 수도 있다. 하지만 자신의 콘텐츠로 수익화를 하려 한다면 적어도 콘텐츠 발행자가 누구인지는 밝혀야 돈을 쓸 사람들의 마음을 살 수 있다.

SNS에 자신을 노출하는 것은 독자로 하여금 '나를 아는 효과'를 준다. 자신의 가족을 드러냄으로써 '이 사람을 믿어도 되는구나' 하고 신뢰하게 된다. 자신의 콘텐츠를 독자에게 어필하고 판매하고 싶다면 자신을 노출하는 것부터 시작하라. 그래야 당신의 콘텐츠와 온라인 과정에 돈을 쓰려는 잠재 고객의 마음을 움직일 수 있다.

수익형 블로그 컨설턴트로 활동하고 있는 '소영처럼' 블로그 김소영 대표의 자기소개 글의 일부를 예로 제시한다. 자기소개 글을 쓸 때 참고해서 활용하기 바란다.

연애 5년, 결혼 5년차이지만 어릴 때 그 마음이 있어서 그런지 여전히 너무 애틋한 우리입니다.
서로 많이 배려하고요. 서로 많이 아껴주고요.
항상 고맙다는 말을 가장 많이 합니다.
이렇게 좋은 사람 옆에 있어서 감사합니다, 라고 절로 나와요.
결혼하고 보니 부모님은 더 좋습니다.
저희 엄마가 항상 하시는 말씀이 있어요. "그것도 니 복이다,"

저는 참 복이 많은 사람이죠.

강의를 하면서 종종 남편이야기를 합니다.
15살 처음 남편을 만났습니다.
멀리 시골에서 전학 온 울 남편, 첫인상은 '사슴' 같았습니다. (울 시
온이 아빠 닮으라고 태명도 사슴이라 했어요)
커다랗고 촉촉한 눈, 뽀얀 피부, 딱 봐도 엄청 잘생긴 얼굴이었습니다.
15년 지나 남편을 찾으니 스페인에 있더라고요.
2009년 9월 1일, 제 핸드폰 뒷번호예요. 0901
남편을 찾았고, 가벼운 쪽지로 인사를 건넸습니다.
그리고 2009년 12월 24일 남편을 만나러 스페인으로 향했습니다.
우리는 2010년 새해를 함께 보냈습니다.
15년 만의 재회, 그리고 함께한 10일간의 스페인 여행.
훨훨 날자, 2010년.
진짜 훨훨 날았죠.
이번에는 "다시 훨훨 날자, 소영!" 다짐해봅니다.

블로그에서 콘텐츠 상품을 판매하거나 콘텐츠와 관련된 강의나
컨설팅 고객을 모집할 때는 가치 전달이 중요하다. 예를 들어 성인
피부병, 쥐젖 제거와 관련된 기능성 화장품을 판매한다고 할 때, 화
장품에 들어가는 천연 마늘 성분과 공인기관 인증받은 내역만 나열
하면 고객의 마음을 사로잡기 힘들다. 다른 상품들도 유사한 방식으

로 설명하기 때문에 도대체 어떤 상품이 좋은지 고객은 구별하기 힘들다.

그런데 관점을 바꾸어 고객 입장에서 생각을 해보면 솔루션이 나온다. 성인을 위한 쥐젖 제거 크림을 사려고 하는 성인 남녀들은 아무리 읽어도 알 수 없는 화장품의 성분보다 이 크림을 바르고 나서 쥐젖이 제거되고 피부가 예전 상태로 회복되었는지가 궁금할 것이다. 그러므로 고객이 목말라하는 솔루션 관점으로 원하는 가치를 전달해주는 것이 주효하다. "이 쥐젖 제거용 크림 하나면 예전의 애기 피부로 돌아갈 수 있어요"라고 표현하고 실제 효과를 본 사람들의 사례를, 크림 바르기 전후를 대조하는 사진으로 보여주면 좋다.

무형의 콘텐츠 상품을 판매할 때도 마찬가지다. 예를 들어 '미라클 모닝'이라는 온라인 교육 상품을 판매할 때도 교육 프로그램 자체에 대한 설명은 최소화하는 것이 바람직하다. 그보다는 새벽 기상을 통해 수강생들의 변화된 모습 그리고 새벽 시간에 명상, 독서, 글쓰기 등을 통해 일상에서 소소한 성과나 책 출판 등 획기적인 성과를 이룬 것에 대해서 스토리텔링 형식으로 전달하는 것이 더 효과적이다.

상품에 대한 논리적인 설명으로 고객의 이성에 호소하는 것도 필요하지만 고객의 관점에서 필요한 솔루션 중심으로 그들의 감성이나 감정을 울리는 이야기 전개 방식이 더 효과적임을 기억하자.

8

요즘 고객은
마스크 하나를 사도 리뷰를 본다

▶

당신이 결혼기념일 식사를 하기 위해 가장 먼저 하는 일은 무엇인가? 혹은 생일 등 축하 꽃바구니를 배달하기 위해 만사 제쳐놓고 하는 일은 무엇인가?

바로 스마트폰 키워드 검색이다. 사람들은 스마트폰 검색창이나 어플에 접속해 '분위기 있는 레스토랑'을 입력한다. 다양한 검색 결과가 노출된다. 여러 인스타그램과 블로그에는 실제 사용자의 경험담이 실려있다. 화질 좋은 사진과 함께 당신의 시선을 사로잡는다.

해당 업소로부터 대가를 받고 포스팅을 한 일부를 제외하면, 경험자의 생생한 체험과 만족도가 솔직담백하게 표현되어 있다. 상품에 대한 장황한 설명을 담은 상세 페이지보다 실제 사용자의 생생한 후기가 더 믿을 만한 효과를 발휘한다.

리서치 기업인 마크로밀엠브레인trendmonitor.co.kr이 전국 만 19~49세 성인 남녀 1200명을 대상으로 소비자 리뷰 영향력을 주제로 설문 조사한 매일경제 기사에 따르면, 10명 중 8명(78.3%)이 제품 구매 시 리뷰를 확인한다고 응답했다. 특히 온라인으로 제품을 구매할 때 리뷰를 확인하는 비중은 84.7%에 육박한다. 온라인 구매 시, 10명 중 9명은 실제 사용자 후기를 확인하고 그 내용을 신뢰하고 구매를 결정한다는 사실을 명심하자.

'1인 기업'이나 '지식 기반 크리에이터'로서 자신의 콘텐츠나 온라

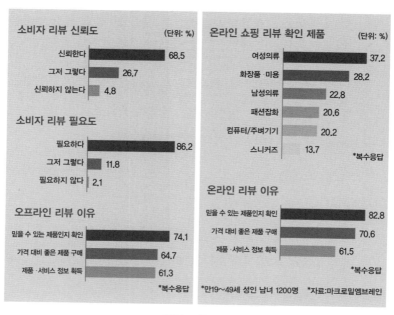

출처: https://www.mk.co.kr/opinion/columnists/view/2014/04/582552/

인 교육과정을 오픈해서 홍보하고자 할 때 오픈 기념 가격 할인보다 중요한 것이 초기 참여자의 생생한 후기를 확보하는 일이다. 인스타그램이나 페이스북에 유료 광고를 내는 것도 필요하지만 그에 앞서 무료 특강이나 저렴한 1만 원 특강 등으로 잠재고객의 솔직담백한 후기를 받는 것이 훨씬 중요하다. 현란한 광고 문구보다 오픈 강의를 들은 실제 수강생의 한 줄 후기가 강력한 홍보수단임을 잊지 말자. 오픈 강의 시 간단한 선물을 증정해서라도 한 줄 후기를 얻어야 더 비싼 본 과정에 관심을 갖고 결국 '지름신'이 내리게 된다는 것을 기억하라.

필자도 브랜딩포유 과정을 오픈하면서 몇만 원 정도 최소 비용을 받고 강의하고, 1대1 코칭하고, 초기 참여자의 후기를 확보하는 데 주력했다. 이 과정을 통해 강점을 기반으로 자신만의 콘텐츠 콘셉트와 주제를 찾고 발견하고 발전시켰다. 콘텐츠가 확보되면, 180만 원 상당의 스타 브랜딩 과정의 잠재 고객을 보유하게 된다.

다른 온라인 SNS에 별도 광고비를 들여 브랜딩포유 과정을 홍보하지 않았다. 브랜드 포유 단톡방에 공지를 올리고 관심 있는 사람들을 최소 교육비용 프로그램에 모집하고 후기를 받았을 뿐이다. 한 줄 후기의 중요성을 인지하고, 자신의 콘텐츠로 시장 진입 시 실제 사용자 후기의 위력을 실감하기 바란다.

PART 6

말 잘 못해도
온라인 클래스
만들 수 있다

ONLINE
CLASS

1

효과적인 온라인 브랜딩을 위한 이미지 연출

나다움을 표현하기 가장 좋은 것은 나만의 스타일링이다. 저렴한 음식점에서 먹는 요리와 고급 레스토랑에서 먹는 요리는 맛의 차이도 있지만 요리를 어떻게 데코레이션하는지에 따라 큰 차이가 난다. 음식에도 푸드 스타일링이 있는데, 같은 음식이라도 어떤 그릇에 어떻게 담기냐에 따라 다른 맛과 감동을 선사한다.

온라인 비즈니스 브랜딩에서 특히 더 신경써야 할 부분은 외적 프리젠테이션이다. '나'를 비즈니스의 상품이라는 관점에서 본다면, '나'라는 상품을 어떻게 표현하고 포장할지 진지하게 고민해보아야 한다. 단순하게 꾸미라는 말이 아니다. 남들에게 보이고 싶은 나의 모습을 의도적으로 만들어보자는 것이다. 또한 나의 지식 상품을 표현할 때도 비주얼과 디자인을 고려하여 표현해보자.

전문가다움을 만들자

첫인상이 결정되는 시간은 짧게는 3초, 길게는 8초라고 한다. 또한 그렇게 짧은 시간 내에 결정되어 머릿속에 굳어지는 것을 바꾸려면 60번 이상 만나야 한다고 한다. 실제로 사람은 첫인상으로 인간관계를 형성하는 경우가 많다. 우선, 사람을 처음 만나면 얼굴과 표정을 본다. 자신감 있는 표정과 말투는 그 사람의 전문성을 가늠할 때 큰 부분을 차지한다.

예의 있고 자신감 있는 표정과 말투를 연습해보자. 자연스럽게 마음과 태도에서 우러나오는 것이 가장 좋겠지만, 의도적으로 표현해보자. 우리는 '남들에게 내가 어떻게 보일까?'라고 생각하며 오히려 자기다움과 전문가다운 나의 모습을 표현하지 못하고 살고 있다. 충분히 인정받을 만한 자신의 모습을 상상하자. 무슨 일이든 다 해낼 수 있다는 자신감과 동시에 미소와 웃음을 드러내자.

그 연습이 끝났다면 이제 외적 프리젠테이션을 갖추어보자. 필자는 15년 동안 카메라 앞에서 강의를 해왔기에 이제는 훈련이 되었다. 항상 강의 전 단정한 옷을 입고 화장을 정리하고 거울을 보며 전문가다운 모습인지 체크한 후 강의에 들어간다. 딱 한 번 시간이 부족해 미처 체크하지 못한 채 강의를 촬영한 적이 있다. 당연히 결과는 좋지 않았다. 아직도 후회된다. 그 영상이 5년 이상 인터넷에 오폰되어 계속 노출되고 있기 때문이다. 그 이후로 아무리 시간이 촉박해도 점검에 점검을 거듭하며 깔끔하고 전문적인 모습을 만든 후 촬영한다. 이러한 경험을 바탕으로 몸에 밴 꼼꼼한 스타일링 습관은 전문가다움이 충분히 어필되는 결과를 가져온다.

내 모습은 내가 디자인하고 만드는 것이다. 집 앞 슈퍼마켓을 가는 복장으로 다닐 때와 화장을 하고 정장을 입고 다닐 때, 행동과 말투는 달라진다. 전문가다움을 위해 헤어스타일, 메이크업, 의상, 신발 등 체크해야 할 부분이 많다. 내가 좋아하는 스타일이 아닌, 타인의 시선에 비친 나의 모습이, 나라는 사람을 신뢰할 수 있는 모습인지를 살펴보자. 신뢰감 있는 전문가의 모습으로 보이기 위해 지금 내게 필요한 것은 무엇인지 생각해보자.

떠오르는 컬러를 정하자

컬러는 그 사람의 이미지를 연상시킨다. 헤어, 메이크업, 의상 또는 PPT, 블로그 스킨, 인스타그램의 사진 등 자신을 어필할 수 있는 다양한 경로에 컬러를 통일시키는 것도 효과적이다. 그 사람을 떠올리면 그 컬러가 생각나고, 그 컬러를 보면 그 사람이 떠오른다면 성공적인 브랜딩이다. 컬러마다 전하는 메시지와 에너지가 다르다. 내가 추구하는 메시지 방향과 함께 컬러를 정해보자.

최근 '휴먼기질컬러'에 대해 배운 적이 있다. 배운 것을 토대로, 컬러가 의미하는 다양한 해석을 간단히 적어보겠다. 내가 추구하고자 하는 방향과 맞는 컬러를 나만의 퍼스널 컬러로 정해보는 것도 좋은 방법이다.

컬러에 대한 다양한 해석

컬러	의미
Turquoise	독립적이고 자립적인 힘과 스타일을 의미한다. 자신만의 영역과 길을 만들어 가고자 하는 사람에게 추천한다.
Yellow green	관찰력이 뛰어나고 주위를 잘 살피는 세심한 사람에게 추천한다.
Orange	가지고 있는 능력을 밖으로 표현하고 널리 알리는 것을 추구하는 사람에게 추천한다.
Red orange	개인보다는 전체와 사회를 이끄는, 리더십으로 새로운 변화를 추구하는 사람에게 추천한다.
Yellow	새로운 정보를 받아들이고 호기심이 많은 사람에게 추천한다.
Indigo	논리적이고 지적인 사람에게 추천한다.
Magenta	언제나 열려있는 사고와 유연한 대처를 하고 다른 이들을 잘 포용하는 사람에게 추천한다.
Blue	책임감과 성실함을 바탕으로 다른 사람들에게 정보를 전달하는 것을 업으로 하는 사람에게 추천한다.
Blue green	외부 환경에 흔들리지 않고 균형감을 추구하는 사람에게 추천한다.
Red	열정이 가득하고 행동력이 있는 사람에게 추천한다.
Green	항상 주변을 챙기고 때로는 다른 사람을 위해 희생할 줄도 아는 봉사정신이 강한 사람에게 추천한다.
Purple	예술적 감각이 뛰어나고 직감력을 가진 사람에게 추천한다.

이렇게 12가지 컬러별 성격에 대해서 간단하게 살펴보았다. 필자의 경우는 대표 컬러가 '그린'이고 로고나 PPT 작성 시 그린에 옐로우 포인트를 주어 나에게 맞는 컬러를 표현하고 있다.

나의 개성을 표현해보자

'전문가다움'과 '퍼스널 컬러'의 연장선상에서 이야기해보자. 필자는 마케팅의 기본서로 일컬어지는 세스 고딘의 《보랏빛 소가 온다》 (재인, 2004)라는 책을 읽고 많은 인사이트를 얻었다.

《보랏빛 소가 온다》에 리마커블remarkable 이라는 단어가 나온다. "이것은 얘기할 만한 가치가 있다는 뜻으로 주목할 만한 가치가 있고, 예외적이고, 새롭고, 흥미진진하다는 뜻이다. 한마디로 보랏빛 소다. 따분한 것은 눈에 보이지 않는다. 그건 누런 소와 같다"p17 라고 저자는 리마커블에 대해 설명한다.

나의 이미지를 연출할 때 이를 염두에 두고 나만의 포인트를 살려 시선을 끌 수 있는 부분을 만들어보는 것도 브랜딩의 강력한 요소가 된다. 필자의 경우는 이 책을 읽고 전문가다워 보이기 위해 과감하게 머리카락을 자르고, 보라색이나 금색 등 다양한 색으로 탈색해서 리마커블한 이미지를 연출해본 적도 있다. 그 이후 사람들이 필자에 대한 이미지가 커트 머리에 밝은 톤의 머리로 조금은 튀지만 특별한 개성이 느껴진다고 했다. 이러한 디테일한 이미지 연출을 위한 노력이 다른 사람들에게 보이는 내 모습을 결정한다.

| 새로운 비주얼로 격을 높이자

퍼스널 브랜딩을 위한 이미지 연출에서 가장 중요한 것은 기존의 나의 모습을 과감하게 버릴 줄 알아야 한다는 것이다. 물론 나의 모든 것을 바꾸라는 의미는 아니다. 하지만 나를 개성 있게 또는 전문가답게 연출하기 위해서는 과감한 도전이 필요할 때가 있다. 평소 추구하거나 내가 좋아하는 방식이 아닌 내가 보이고자 하는 모습과 유행하는 것을 반영하여 세련되게 만들어볼 것을 추천한다.

세상은 빠르게 변하고, 시기마다 유행하는 것과 추구하고자 하는 방향이 수시로 변한다. 시대의 흐름에 맞게 또는 내가 추구하고자 하는 방향에 맞추어 나아가는 것이 필요하다. 어떻게 하면 나를 찾는 사람들이 나라는 사람에 대해 판단하고 느낄 것인지 생각해보자. 조금 더 멋지고 조금 더 세련된 비주얼과 디자인으로 나의 격을 높여보자.

외적 프리젠테이션 이전에 먼저 내실을 다지는 것은 필수다. 하지만 내실만으로는 부족한 시대다. 보이는 것도 중요하다. 강사는 항상 새로운 사람을 만나는 직업이기에 그 어느 직업보다도 첫인상이 중요하다. 그러므로 위에서 언급한 사항을 점검하면서 나만의 개성을 표현할 줄 아는 멋진 외적 프리젠테이션을 갖추기 바란다. 보다 외적으로 전문가다움을 표현하고 나만의 퍼스널 컬러를 만들고 보랏빛 소가 되기를 추천한다. 오래된 나를 버리고 새로운 비주얼과 디자인으로 나의 격을 높이는 기회를 만들자. 이 작업만 시행하더라도 나의 몸값이 이전과 달라질 것이다.

2

온라인 강의
촬영방법

언택트 시대에 최고의 머니 파이프라인의 기회는 온라인 강의를 구축하는 것이다. 방법은 다양하다. 스스로 제작하는 방법도 있고 외주를 주는 방법, 또는 소비자가 구축된 거대 플랫폼에 들어가는 방법이 있다. 온라인 강의를 구축하려면 구체적인 내용을 영상물로 만드는 과정이 필요하다. 지금부터 온라인 강의 촬영방법에 대해 단계별로 살펴보고자 한다.

1단계 강의주제 정하기

주제는 결국 내가 청중에게 궁극적으로 하고자 하는 말이다. 나의 지식이나 경험을 바탕으로 사람들에게 잘 전달할 수 있는 주제를 정해야 한다. 아래에 제시된 좋은 주제의 조건을 보면서 내가 가장 잘 전달할 수 있는 주제를 정하자.

◀ 좋은 주제의 조건 ▶

• 흥미로운가?

• 사람들에게 이익을 주는 내용인가?

• 트렌드를 잘 반영하는가?

• 사람들에게 감동을 주는가?

• 사람들의 문제를 해결해주는가?

2단계 수강대상 정하기

강의의 수강 대상이 누구인지 구체적으로 생각해보아야 한다. 막연하게 누구나 다 들을 수 있다는 설정은 위험하다. 최대한 구체적으로 수강생을 상정하자.

특정한 사람을 위한 강의가 더 어필될 가능성이 높다. 그리고 차별성이 있기 때문에 사람들로부터 선택받을 가능성이 더 크다. 예를 들어, '4050세대를 위한 온라인 줌 강의 기초과정' '30대 직장인을 위한 업무 실전영어 강의'처럼 다양하게 세분화해보자. 이 강의에 대한 이상적인 수강생을 선정했으면, 그 대상을 구체적으로 상상하면서 다음 과정을 만들어보자.

◀ 수강 대상 선정을 위한 조건 ▶

• 이 강의는 누구를 위한 강의인가?

• 이 강의를 수강하기 위해 필요한 지식과 경험은 무엇인가?

• 이 강의가 도움이 되지 않는 사람은 누구인가?

• 이 강의를 듣고 얻을 수 있는 것은 무엇인가?

3단계 학습목표 정하기

강의를 준비하다 보면 소홀할 수 있는 것이 학습목표다. 수강생들은 항상 양질의 강의를 기대하고 이 강의를 통해 무엇인가 얻기 바라며 그들의 문제 해결을 원한다. 그러므로 명확한 학습목표를 제시하여 수강자가 이 강의를 통해 얻을 수 있는 것을 확실히 알려주는 것이 중요하다. 학습목표는 추상적인 표현은 지양하고 구체적으로 작성한다. 예를 들어, "이번 강의를 통해 온라인 강의 대본을 완성할 수 있다"와 같이 강의를 통해 얻을 수 있는 결과를 명확하게 적는다. 물론 강의의 성격에 따라 학습목표를 가시적으로 드러내지 않을 수도 있다.

◀ 학습목표 작성 시 고려사항 ▶

• 수강생이 배울 내용이나 개념을 명확하게 정한다.

• 수강생이 도달하는 결과를 디자인한다.

- 수강생이 결과를 얻을 수 있는 행동을 고려하여 학습목표에 주어, 목적어, 서술어 형식으로 표현한다. (이때 서술어는 동사를 사용한다.)
- 수강생이 결과를 어떻게 가시화할 수 있는지 고려한다.

4단계 강의 개요 만들기

건물을 지으려면 먼저 설계도가 있어야 하듯, 강의를 하기 위해서 강의 설계도가 있어야 한다. 그것이 바로 개요다. 개요를 자연스럽고 논리적으로 만들어야 강의도 자연스럽고 논리적으로 만들 수 있다. 이야기처럼 자연스럽게 개요를 짜보자. 가장 일반적인 삼단 구조를 이용하자. 처음, 중간, 끝의 세 부분으로 구성하고 논리적으로 짜보자.

◀ 개요에서 반드시 다루어야 할 사항 ▶

처음 :

- 호기심 유발, 동기유발
- 강사 소개
- 아이스브레이킹
- 화제 제시
- 학습목표 제시

중간 :

- 다양한 설명방식(열거, 대조, 인과, 문제해결, 서사 등)을 이용하여 구성한다.

- 예시와 부연설명을 충분히 한다.

- 강조하고자 하는 것을 짧고 명료하게 만든다.

- 여러 가지 시각 자료를 충분히 사용한다. (사진, 동영상, 사물 등)

끝 :

- 본론의 내용을 요약 · 정리한다.

- 화제에 대한 의의, 가치를 강조한다.

- 수강생에게 감사 인사를 한다.

- 다음 강의를 소개한다.

5단계 강의 대본 만들기

강의 개요가 완성되면, 이제 개요에 맞게 살을 붙여 대본을 만들어보자. 강의 대본이 없으면 중언부언하고 두서없이 말하게 되므로, 대본을 반드시 작성하여 명료하게 강의할 수 있도록 하자. 강의 대본을 그대로 읽는 것은 매우 어색하고 효과적이지 않다. 최대한 내용을 숙지하고 그것을 바탕으로 구연동화하듯이 자연스럽게 이어나가는 것이 효과적이다. 대본을 다시 정리해보는 것이 많은 도움이 된다. 또는 프롬프터를 사용해보자.

◀ 효과적인 대본 만들기에서 주의사항 ▶

- 환영이 넘치는 인사하기

- 신뢰감 있는 문장을 구성하기

- 학습목표 명료하게 제시하기

- 수강생의 관점에서 설명하기

- 문장은 짧게 나누어 쓰기

- 중의적 문장, 단어 사용하지 않기

- 표준어 사용하기

- 시각자료 충분히 사용하기

- 내용의 흐름을 설명하기

- 수강생과 대화하듯 문장 써내려가기

- 완성되면 소리내어 읽어보기

6단계 강의 촬영하기

강의를 촬영하는 방법은 다양하다.

첫 번째, 교안만 화면에 띄우고 설명하는 방법이 있다.

화면에 내 모습이 나오지 않게 영상 제작이 가능하다. 자신의 음성과 PPT 교안 구성화면으로만 강의를 전달하는 방법이다. 가장 먼저 PPT를 효과적으로 만들자.

PPT가 완성되었다면 이를 '내보내기 → 비디오 만들기'로 저장한다. 이어서 '슬라이드쇼 녹화'를 이용하여 화면과 강의를 녹화하는 것이다. 준비된 콘텐츠가 있고, 가고자 하는 방향이 뚜렷하다면 무엇이든 가능하다. 집에서도 간단히 화면 설명으로 나만의 콘텐츠를 상품화시킬 수 있다.

두 번째, 스마트폰이나 카메라를 이용하여 자신의 모습이 보이게 촬영하는 방법이 있다. 실제 자신의 모습이 보이게 촬영하는 것이라서 나의 강의력을 어필할 수 있어 강의 집중도가 높아지는 장점이 있다. 촬영에 앞서 촬영 관련 별도 장비가 필요하다. 기본 장비 세팅은 카메라나 핸드폰을 고정시킬 삼각대, 화면상 밝게 표현되게 해주는 조명, 특히 온라인 강의는 소리가 중요한데 적당한 성능 이상의 마이크가 필요하다. 처음 세팅하는 장비는 고가가 아니어도 괜찮다. 특히 요즘에는 많은 장비가 준비되어 있으니 가성비 좋은 제품을 선택하기를 추천한다.

촬영 후 영상을 바로 온라인에 올릴 수 있겠지만 조금 더 욕심을 내서 멋지게 편집해보자. 그러려면 편집할 프로그램이 필요하다. 초보도 가능한 프로그램과 사용방법을 미리 익혀본다. 핸드폰으로 촬영했다면 앱 설치를 통하여 영상 편집이 가능하다. 대중적인 것으로 vllo, capcut, 멸치어플, 비바비디오, 퀵 고프로, 파워디렉터, 키네마스터 등이 있다. 그중 몇 가지를 소개한다.

영상편집이 가능한 프로그램

프로그램	기능 및 장점
vllo	우리나라 영상편집 어플이다. 이용이 간편하고 6900원의 유료 프로그램이지만 한 번 구매로 평생 사용이 가능하다.
비바비디오	세계적으로 인기 있는 앱으로 다양한 효과가 가능하다. 고급기능 중 스티커, 블러효과, 필터 등이 있다.
퀵 고프로	자동으로 영상과 사진에 배경음악 및 효과를 넣어주는 기능이라. 강의 편집용으로는 적당하지 않으나 간단한 홍보영상 제작용으로 좋다.
파워디렉터	매달 6000원의 이용료가 부과되지만 많은 효과를 넣을 수 있다.
키네마스터	전 세계 동영상 편집 어플 중 1위다. 키네마스터도 월 6000원의 이용료를 지불해야 하지만 안드로이드, 아이폰 모두 이용 가능하고 고급기능을 다양하게 활용할 수 있다.

도구는 각각의 특색과 장단점이 있으므로 각자 맞는 것을 파악하고 적절한 어플을 쓰기 추천한다.

스마트폰, 카메라 촬영 시 준비해야 할 것

기본 장비를 세팅하고 구도를 잡는다. 구도를 잡을 때 주의해야 할 것은 먼저 자세를 파악하고 그에 맞게 준비하는 것이다. 책상에 앉아서 촬영할 것인지 서서 촬영할 것인지 구분하고 배경을 맞추어야 한다. 단일 색상의 벽면이 나은지, 강의주제와 어울리는 소품을 구성하거나 책장 효과를 내는 것이 좋은지 미리 세팅할 부분을 체크

하는 것이 중요하다. PPT 강의자료는 다 촬영한 후 화면을 삽입하거나 편집해서 넣을 것인지, 촬영과 동시에 모니터에 나오는 것으로 구성할 것인지를 결정해야 한다.

　카메라를 세팅할 때는 거리, 높낮이, 각도 등 여러 촬영 구도로 테스트해보자. 조명은 앞쪽에 세팅하고 얼굴 한쪽이나 배경에 그림자가 보이지 않는 위치에 놓도록 한다.

　강의를 촬영할 때는 소주제로 끊어서 촬영하는 것이 좋다. 우리는 전문가가 아니기 때문에 편집하기 쉬운 방법을 선택하는 것이 좋다.

　마지막으로 편집하기다. 영상편집은 강의 영상에 대해 먼저 1차 편집을 하고 타이틀이나 PPT 화면삽입, BGM, 인트로와 아웃트로를 구성해야 한다. 인트로와 아웃트로 제작은 영상 편집프로그램에 세팅되어 있는 것을 이용하도록 하자. 최근 멸치 어플이 다양하게 사용되고 있다. BGM Back Ground Music 을 넣으면 생동감 있는 영상을 전달할 수 있으니 활용해보자.

3

효과적인
온라인 강의 제작

　강의 촬영을 효과적으로 하기 위해서는 시선처리가 우선이다. 가장 기초적이면서도 중요한 포인트다. 사람의 눈을 보고 이야기하는 것이 아니기 때문에 내 시선이 집중되지 못할 경우가 있다. 시선을 카메라에 고정시키자. 이 강의를 통해 현장감과 실재감을 느낄 수 있을 것이다. 목소리는 최대한 가라앉지 않게, 생동감 넘치게 만들어보는 것을 추천한다. 느린 것보다는 발음이 정확하다면 빠른 말도 효과적이다.

　요즘에는 유튜브로 많은 사람이 2배속이나 1.5배속을 해서 듣는 경우가 많다. 그렇게 해도 하고자 하는 이야기가 모두 전달되므로 정확한 발음으로 속도를 조절하여 느리지 않게 강의해보자. 영상 촬영 시간이 길수록 수강자는 집중하지 못한다. 강의 분량을 5~7분

사이로 구성해보자. 전체 이야기가 긴 주제라면 나누어서 촬영 구도를 짜보자.

초보라면 강의를 구성할 때 긴 호흡보다는 짧게 나누는 것을 추천한다. 주제별로 나누어서 그에 맞게 진행해보자. NG가 난다면 편집하기 쉽게 단락이 끊어지는 부분부터 다시 촬영하는 것이 좋다.

강의 오픈 시 참고해야 할 사항

아무리 큰 회사에 내 강의를 올릴 수 있는 기회가 있더라도 꾸준히 팔리게 하려면 나의 강의 콘텐츠를 더욱더 탄탄하게 만드는 것이 필요하다. 그것이 충분하다면 내 강의를 신청한 수강자가 더 만족할 수 있는 무엇인가를 준비해보자. 피드백해주는 서비스, 자료 공유 등 강의를 들었던 사람들이 필요로 하는 것이 무엇인지 생각해보자. 우리가 하고자 하는 온라인 비즈니스는 강의를 통하여 만들어지긴 하지만 사람들에게 나의 정보와 지식과 깨달음을 전해주고 그들을 변화시키는 것에 대한 일이다. 그것을 생각하고 진행한다면 온라인 영상이라도 보는 사람들의 감동과 확장의 공간이 생길 것이다.

온라인 강의 촬영방법	전체 PPT화면 · PPT에 부분 얼굴 화면 · 일반 강의처럼 몸과 칠판이 함께 나오는 화면 연출방법
각 촬영 방법별 준비사항	촬영 장비 준비
효과적인 온라인 강의 기술	시선처리 · 동작 · 목소리 · 빠르기 · 적절한 러닝타임 · NG날 때 대처 방법
간단 편집 방법	직접 편집 · 외주 편집 – 직접 편집 시 참고할 수 있는 간단 편집 방법 제시
효과적인 온라인 강의 제작	강의 시간과 주제
강의 판매 방법	거대 플랫폼 · 개인 사이트 개설 · 유튜브, 비메오 이용 · 카페 이용

교육은 사람을 변화시키는 것이다. 대상에 따라 교육하는 방식도 다양한데, 오프라인이건 온라인이건 누군가에게 메시지를 전달하고 그 메시지가 그 사람을 변화시켜야 한다는 포인트는 똑같다. 단지 사용하는 방법이 다를 뿐이다.

많은 이들이 나에게 묻는다. 온라인 강의를 어떻게 하면 잘하는지? 줌 강의를 어떻게 하면 효과적으로 할 수 있는지? 이에 대해 구체적으로 답해보고자 한다. 온라인 강의에서만 해당하는 것은 아니겠지만 특히 줌이라는 온라인 라이브 강의를 준비할 때 고려해야 할 부분들을 적어보도록 하겠다. 지식 전달을 하는 일방적인 스트리밍 강의보다 상호작용하며 서로의 경험을 나누는 것과 실천적인 방법들을 공유하는 것이 온라인 라이브 강의인 줌 강의라 생각한다. 그렇다면 듣는 사람들의 변화를 이끌어내기 위해서 무엇이 필요할까?

3가지만 기억한다면 효과적인 온라인 라이브 강의를 할 수 있을 것이다.

효과적인 라이브 기술 3가지

첫 번째, 가장 중요한 작업은 강의나 교육과정을 설계할 때 먼저 콘텐츠를 명확히 하고 그것을 잘게 쪼개어 설계하는 것이다. 뼈대를 잘 세운 건물이 튼튼하고 오래가는 것처럼 말이다. 온라인 라이브 강의는 오프라인의 현장감과 온라인 참여라는 상황적 이슈의 다양성을 고려해야 한다. 두 가지를 충족시키기 위해서는 세부적인 계획이 필요하다. 분 단위의 흐름과 계획을 디테일하게 짜야 한다.

	시간 (분)	내용	방법 · 프로그램	강사
1교시	5	인사말, 목차, 강사소개	안내, 설문조사	참여 유도
14:00~	5	온라인 교육의 변화 마인드	강의	책 참고
	5	주석맛보기 · 심리상담	화면 공유로 기능 보여주기 · 채팅창 활용	심리상담 간단히 설명
	5	학습목표 써보기 · 참여자가 직접 떠올릴 수 있게 유도(내용 참고)	주석기능 (저장 · 지우기 추가 설명)	의도 설명해주기(표현 방법 공유)
	5	온라인 강의 기획 큐시트 작성 요령	화면 공유	철저한 준비 강조

	10	강의 잘하는 방법	전체 화면 보이기	생생하게 설명하고 요령, 예시 많이 들어주기
	10	줌 강의 전 준비사항(fast.com)	화면 공유	미리 화면체크
	10	자기 소개의 다양한 방법	주석 · 웹 화면 공유	https://wheelof names.com/
휴식	5			

참고사항 : 참가자들의 참여 상태에 따라 실습 여부 결정

이처럼 분 단위의 타임 테이블을 통하여 짜임새 있는 강의가 만들어진다는 것을 기억하기 바란다. 디테일한 시나리오가 준비되었을 때 좀 더 자신감 있는 강의를 할 수 있다.

두 번째, 기술적인 부분에서 매끄러운 참여도를 이끌어낼 수 있도록 사전 준비와 안내를 철저하게 해야 한다. 줌 프로그램을 잘 다루지 못하는 이들도 항상 강의에 참석한다는 것을 잊지 말고 사전에 친절하게 접속방법을 알려야 한다. 연결감이 높은 강의를 하고 싶다면 사전에 참여자들에게 화면을 켜고 강의에 참석하는 것을 강력하게 요청하기 바란다. 참여자의 참여도가 높은 강의는 강사를 춤추게 한다. 연결감이 생길 때 생동감 있는 강의가 이루어진다는 것을 기억하라.

강사의 준비는 참여자의 참여를 이끌어낸다. 완벽하게 준비할수

록 참여자도 적극적으로 참여할 것이다. 준비 부족으로 인해 강의의 완성도가 떨어지거나 돌발 상황이 일어나지는 않는지 미리 점검해야 한다.

◀ 공지 안내문 예시 ▶

강의 당일 온라인 교육 참가 방법
강의 시작 15분전 참여링크 및 회의실 아이디와 비번 전송합니다.
(해당 링크 클릭으로 강의실 자동 입장)

참여링크로 참석하기와 회의실 번호와 비번으로 참석하기가 가능합니다.
회의실 번호: 000-0000-00000 / 아이디: 0000

참석 전 필수 체크사항
1. 줌 프로그램 설치 안내 링크
2. 이어폰 사용 (이어폰 미사용 시 발언권에 제약이 있을 수 있습니다.)
3. 노트북 사용을 추천드립니다.
   (노트북에 카톡이 설치되어 있으면 보다 원활한 진행이 가능합니다.)
4. 본 강의는 참여자들과의 소통이 필요하므로 화면을 켜고 참여해야 합니다.
5. 이동 중이거나 운전 중에는 참여 불가이니 온전하게 참여 가능한 환경 세팅 요청드립니다.

기타 참고사항
ZOOM 설치 방법 (안내 링크)
– 접속 전 사운드 체크 확인
– 휴대폰이나 컴퓨터 접속 시 배터리 소모량이 크니 배터리 완충 필수
– ZOOM 강의가 처음이신 분은 미리 접속 부탁드립니다. (강의 시작 15분 전)

기대하시는 최고의 강의를 위해 최선을 다할 것을 약속드리며 강의 때 반갑게 만나 뵙겠습니다.

– 장이지

결국 생동감 넘치는 강의는 강사가 만들어내는 것이고, 강사에게 100% 책임이 있다는 것을 기억하자. 본인이 원하는 방향대로 강의가 진행되려면 사전 안내가 필요하다.

세 번째, 오프라인 강의처럼 생동감 있는 참여를 온라인에서도 느낄 수 있게 온라인 라이브에서 함께 참여하는 이들의 참여도를 높일 수 있는 교육 설계에 중점을 두어야 한다. 일방적으로 참여자에게 가르치는 것보다, 먼저 참여자와 강사가 연결되는 것이 중요하다. 연결되지 않은 강의는 분위기가 무겁고 재미없다. 강의가 끝날 때까지 이끌어가는 것이 고역일 것이다.

온라인 라이브에서는 참여자가 소통할 수 있는 다양한 기능을 구현할 수 있다. 일방향으로 진행하는 VOD 강의와는 다르게 쌍방향 강의이기 때문에 그 장점을 충분히 활용해야 한다. 오프닝에서 처음부터 참여를 유도하면, 참여자들의 적극성을 끌어낼 수 있다.

첫인상이 좋아야 참여자들의 관심을 사로잡을 수 있다. '아, 이 강의는 자유롭게 참여하는 강의구나'라는 생각이 들도록 여러 가지 방법을 통해 참여자의 집중을 이끌어내기 바란다.

필자가 자주 쓰는 방법은 아이스브레이킹인데, 전달하고 싶은 나의 정보를 초성퀴즈로 구성하거나, 오늘의 주제를 초성퀴즈로 진행

▶강사 소개 시 초성퀴즈로 집중 유도

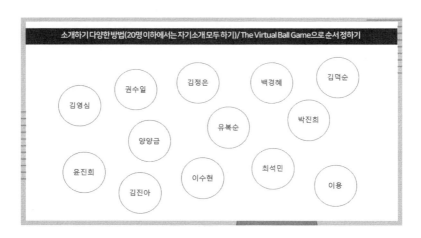

▶참여자들의 자기소개 시 생동감 있는 참여 유도

하면 참여자들의 적극적인 참여를 유도할 수 있다. 또한 참여자가

자기소개를 할 때, 순서대로 하기보다는 미리 참여자의 이름이 적힌

화면을 준비하고 줌에 있는 기능 중 주석기능을 사용하여 다음 사람을 지명하도록 유도하면 재미있는 분위기를 연출할 수 있다.

그리고 강의 중간에 동영상을 함께 본다거나, 참여자의 의견을 이끌어내기 위해 소회의실을 사용한다거나, 카홋kahoot 이나 퀴즈앤 등과 같은 외부 프로그램을 사용하여 생동감 있는 분위기를 만들 수 있다. 그 외에 참여를 이끌어낼 수 있는 외부프로그램인 슬라이도 slido 나 맨티미터mentimeter 를 활용해도 좋다.

이런 프로그램을 사용할 때 사용법을 완벽하게 숙지하고 자연스럽게 실행할 수 있도록 숙달된 다음 사용하는 것이 중요하다. 강사가 자연스럽게 프로그램을 사용할 때 신뢰도가 올라가기 때문이다.

강의를 마무리할 때에는 강의 중에 반응이 적극적이었던 참여자에게 강의에 대한 피드백을 들어보기를 추천한다. 또한 긍정적 피드백을 통하여 수강자들이 긍정적인 분위기를 인식한 상태에서 강의가 마무리되도록 만드는 것이 중요하다.

탁월한 온라인 라이브 강의를 만들기 위해서 앞서 말한 세 가지에 대해 자신에게 질문을 던져보기 바란다. 밀도 있는 프로그램을 설계하고 시나리오를 작성하였는가? 참여자에게 적절한 참여 환경을 조성하고, 적극적인 참여를 유도하기 위해 정확한 안내를 하였는가? 참여자의 흥미를 유도하고, 긴밀하게 연결되며, 현장감이 넘치는 강의를 만들기 위한 요소를 구성하였는가?

강의는 항해와 같다. 원하는 목적지까지 가기 위해 선원들을 잘 통솔하려면 선장이 책임지고 리더십을 발휘해야 하는 것처럼, 강사는 원하는 교육 목표를 이루기 위해 책임지고 강의 시간과 내용을 철저하게 준비해야 한다.

참여자는 자동적으로 내가 원하는 방향대로 이끌려오지 않는다. 그러니 설계하고 또 준비하기 바란다. 각자의 목적지에 도달하기 위한 온라인 라이브 강의를 어떻게 준비해야 하는지 필자의 노하우를 공개했으니 이제는 여러분 차례다. 철저히 준비하면 더 빠르고 더 멋진 곳을 향해 나아갈 수 있다.

4

강의안
작성하기

강의안을 작성할 때 여러 가지 방법이 있지만 가장 중요한 포인트는 결국 강의 기획이다. 강의 콘셉트 설정, 논리적이고 흐름이 있는 강의 콘텐츠 구조 잡기가 중요하다. 이후 강의자료를 만드는 방식은 파워포인트로 만드는 방식이 가장 일반적이다.

강의안을 만들기 전에 먼저 제목부터 정해야 한다. 제목은 강의 콘셉트를 설정하는 일이다. 제목을 먼저 정하고 강의 내용을 채우면 일관되고 논리적인 강의 내용 구성이 가능하다.

제목은 '화룡정점'이다. 제대로 된 제목 한 줄, 그 한 끗 차이로 수강생의 수가 정해짐을 명심하라. 잠재 고객이 강의 제목을 보는 순간, 어떤 내용이 담겨있는지 파악할 수 있게 만들어야 한다.

제목 짓기가 막연하다면 책 제목을 차용해서 응용하면 된다. 최근에 책 제목이 곧 광고 카피라 할 정도로 고객의 관심을 끌어당긴다. 강의와 책은 분량만 다를 뿐 고객이나 독자의 관심을 끌고 결국 해당 콘텐츠를 구매하게 한다는 점에서 일맥상통한다.

주로 자기계발 서적의 자극적인 제목의 키워드만 바꿔도 고객의 눈에 띌 수 있다. 과거와는 달리 멋스러운 표현보다는 어떤 내용을 알려주고자 하는 것인지 명확하게 드러나는 제목이 좋기 때문이다. 아래 제목 예시를 참조하여 강의 목적에 맞는 키워드로 바꿔보자.

> 하루 10분, 구글 영어의 힘, 평범한 미대생을 잘나가는 영어 통역사로 만든 기적의 공부법
>
> 하루 10분 MBA, 매일매일 실천하는 비즈니스의 100가지 기본
>
> 하루 10분, 내 아이를 알아가는 성품놀이. 놀아주는 게 제일 어려운 엄마 아빠들을 위한 초간단 인성 놀이 교재
>
> 1년에 10억 버는 방구석 비즈니스, 29세에 자본도 직원도 없이 매출 10억을 달성한 사업 천재의 월급 독립 프로젝트
>
> 거인의 포트폴리오, 월급을 쪼개서 경제적 자유를 만드는 23가지 전략
>
> 제2의 월급, SNS와 블로그만 알면 지금 시작할 수 있는 인플루언서 마케팅

퇴사 준비생의 런던, 여행에서 찾은 비즈니스 인사이트

퇴사를 준비하는 나에게 어쩌다 말고, 제대로 퇴사를 위한 일대일 맞춤 상담실

나는 퇴사가 두렵지 않은 경준녀입니다, 다양한 경험으로 준비된 미래를 만드는 워킹맘의 새로운 도전

다음으로 강의안 구성 시, 프로세스나 단계를 나누어 구성하면 좋다. 예를 들어 '온라인 클래스로 삶의 방향이 달라진 사람들'이라는 주제로 강의안 구성 시 4단계로 구성하는 방식이다.

지식 콘텐츠 기반으로 수익화에 이르는 과정을 담은 강의 내용은 4단계로 정의할 수 있다. 4단계의 흐름과 순서대로 강의자료를 만들면 된다.

1단계 **실행(동기부여)** : 온라인 비즈니스 가능성 찾기 · 마인드 확립 · 브랜딩의 필요성 정립

2단계 **퍼스널 브랜딩** : 콘텐츠 확정하고 프로그램 기획 · 홍보 촬영

3단계 **온라인 클래스 개설** : 기획 · 제작 촬영 · 플랫폼 구축으로 수익화

4단계 **라이브 유료 강의 개설** : 강의개설과 모객을 통한 수익화

마지막으로 차별화된 강의자료를 만드는 방법이다. 강의안을 만들 때 유의할 점은 인스타그램, 유튜브, 블로그 등에서 흔하게 볼 수 있는 콘텐츠는 사용하지 말아야 한다는 것이다. 새로운 콘텐츠를 만들기 위해서는 기존의 정보를 조합하거나 재창조해야 한다.

김정운 작가는 《에디톨로지: 창조는 편집이다》(21세기북스, 2014)에서 이렇게 설명한다. "창조란 유에서 무를 만들어내는 것이 아니며 '기존의 것들을 새롭게 재구성'하는 데서 탄생한다." 자신만의 관점으로 편집하는 것, 그것이 바로 에디톨로지의 핵심이라는 뜻이다. 강의안을 기획하고 만들 때도 편집자의 관점에서 강의 콘텐츠를 재창조하면 된다.

예를 들어 특정 주제에 대해서 찬성하는 책의 내용과 반대하는 신문 기사를 융합해서 그 장단점을 검증하여 자신만의 생각을 담은 새로운 의견이나 주장을 제시하는 방식이다. 17~18세기 독일의 철학자 헤겔은 체계적인 변증법을 주장했고, 이후 그의 변증법을 연구하면서 정반합(正反合)이라는 삼단계 논리 개념이 창조되었다. 정립과 반정립과정을 거쳐 종합적인 논리가 정립된다는 것이다.

정-반-합의 원리를 적용하여 강의 콘텐츠를 구성하면 수강생들의 이해를 높이는 데 효과적이다. 아무리 강사 스스로 완벽하다 주장하더라도 반대 의견이 있을 수 있다. 자신의 주장에 반대되는 주장을 인정하고 받아들여야만 올바른 방향으로 나아갈 수 있다. 어느 한쪽의 생각만 주장하면 좌로나 우로 치우치게 된다.

최대한 많은 콘텐츠를 인풋하고 고객의 시선을 끌 만한 표현과 설명방식을 기존 자료에서 취사선택하라. 주의할 점은 대놓고 카피는 하지 말아야 한다는 것이다. 어디서 본 것 같지만 이 부분이 확실히 다르다고 하는 그 지점을 찾아서 보완해야 한다.

5
PPT로 강의안에 날개 달기

지식 콘텐츠를 효과적으로 전달하기 위한 강의안을 PPT로 만들기 위해서는 제목이나 주제를 중심으로 메인 스토리라인을 염두에 두고 논리적이고 순차적인 구성을 해야 한다. 이를 바탕으로 직접 작성하거나 상황에 따라서 제작 의뢰하면 된다.

파워포인트는 범용 툴이다. 기능 설명보다는 실제 사례를 제시하니 독자의 안목을 높이기 바란다. 백문이 불여일견이다. 강의안 제작에 대한 백 마디 말보다 직접 작성한 파워포인트 사례가 실질적인 도움이 된다. 순차적인 구성과 흐름을 먼저 고려하고 그다음으로 개별적으로 한 장씩 비주얼 요소를 살펴보기를 바란다.

1단계로 제목과 강사에 대한 개요를 다음 예시와 같이 작성하거나 제작하면 된다.

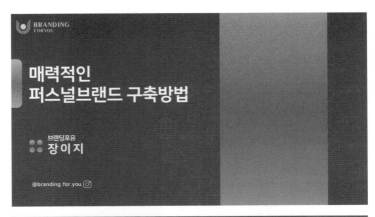

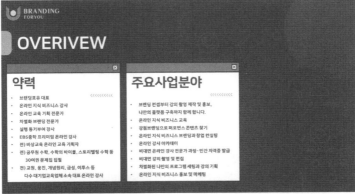

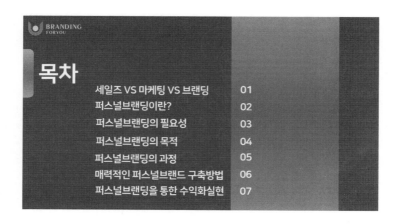

2단계로 강의 도입부 구성과 제작이다. 메인 주제인 퍼스널 브랜딩에 대한 개념과 퍼스널 브랜딩의 근거나 목적을 설명하는 자료를 만들면 된다.

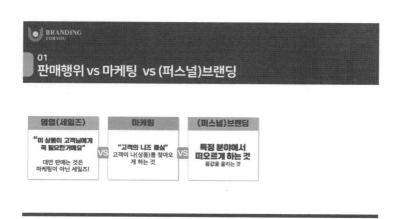

3단계는 강의자료의 본론 중에서도 도입부에 속하는 부분이다. 퍼스널 브랜딩 구축 시 실질적인 효과를 제시함으로써 고객의 기대 치를 높이는 파워포인트 자료를 작성하면 된다.

4단계는 강의자료의 본론에 속하는 부분이다. 퍼스널 브랜딩 구축 프로세스와 이를 구현하고 실행하기 위한 자신만의 핵심 지식 콘텐츠를 소개하고 고객에게 판매를 제안하는 내용으로 작성한다.

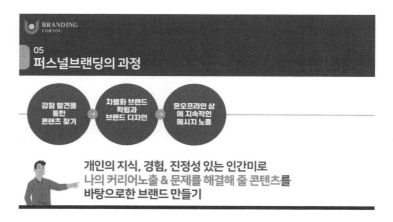

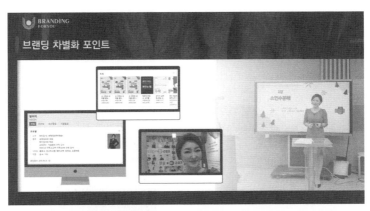

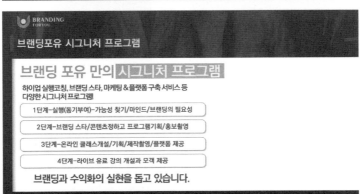

5단계는 지금까지 설명한 내용에 대한 요약과 강의 핵심 주제가 갖는 의의를 재차 강조하고 감사 인사로 마무리하는 내용으로 구성하고 작성하면 된다.

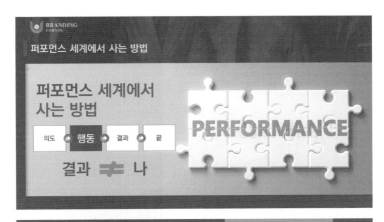

PART 7

온라인 클래스
론칭 플랜 짜기

ONLINE
CLASS

스텝별 의도와
가이드 제시

PART6까지 온라인 클래스를 오픈할 수 있는 모든 방법에 대해 이야기했다. 이제 배운 것을 바탕으로 자신의 온라인 클래스를 직접 기획해보자.

PART7은 각 스텝에 맞춰 내 콘텐츠를 찾고 클래스로 기획하는 실전용 워크시트로 구성되어 있다.

STEP 1 나만의 콘텐츠 찾기
(PART2-1 나만의 콘텐츠 찾기, 참고)

STEP 1에서는 가볍게 자신이 경험했던 것들을 생각해보는 것으로 시작한다.

지금까지 내가 해온 일을 돌아보고 깔끔하게 정리함으로써 스스로를 인정해보자. 자신의 가능성을 점검해보는 단계로, 내 일이 타인에게 기여할 수 있도록 한다.

이미 일인기업으로 자리 잡은 사람들을 냉철하게 분석하고 나와의 교점을 찾아 나의 가능성을 찾아내보자.

1. 작게 나누어 생각해보기

연도	직업	했던 일

2. 작게 하는 일들로 무엇을 할 수 있을지 연결해보기

직업	했던 일	했던 일 바탕으로 할 수 있는 일

3. 벤치마킹하기

했던 일 바탕으로 할 수 있는 일	벤치마킹할 수 있는 비즈니스
	-

STEP 2 콘텐츠를 찾기 위해 나에게 하는 질문에 답하기

(PART2-2 콘텐츠 찾기 위한 자기 탐구와 질문의 힘, 참고)

STEP 2는 자신의 콘텐츠가 불명확하다고 조급해하지 말고, 천천히 자신을 탐구하는 것에 의도가 있다.

오직 자기 탐구를 통해 나다움의 단서를 발견하고 콘텐츠를 차별화할 수 있음을 잊지 말자.

◀ **나다움을 찾기 위한 질문 리스트** ▶

• 내 삶에서 가장 중요한 것은?

• 지금 내가 가장 이루고 싶은 것은?

• 지금 나의 마음을 가장 움직이는 것은?

• 나의 열정이 느껴질 때는?

• 나를 가장 잘 표현하는 3가지 단어는?(추가된 질문)

◀ **경험에서 찾는 나만의 스토리** ▶

• 가장 슬프거나 힘들었을 때 어떻게 극복했는가?

• 가장 기쁨을 느낀 적은?

• 평소에 내가 자주 말하는 것이나 지켜야 한다고 생각하는 것은?

• 지금 함께하고 싶은 사람들 중 생각나는 5명은? 그 이유는?

• 내가 과거에 가장 감명 있게 읽은 책이나 감동받은 영화는?

• 지금 가장 부러운 사람은?

• 내가 따르고 싶은 사람에게서 가장 닮고 싶은 부분은?

• 닮고 싶은 부분과 나의 강점을 결합해본다면 어떤 것이 있을까?

• 내가 쓰고 싶었던 도서는? 책 제목은?

• 다시 태어난다면 어느 시대, 어떤 인물로 살아 보고 싶은가?

STEP 3 강점을 찾는 수필 쓰기

(PART2-3 강점 브랜딩 프로세스, 참고)

STEP 3은 자신이 가진 강점을 찾기 위해 진지한 고찰을 하는 활동이다. 일상생활에서 긍정적인 결과를 낸 일부터 기억을 떠올려 보자. 주변사람들에게 나의 강점에 대해 물어보자. 그것들을 종합적으로 엮어서 나만의 강점을 반영한 짧은 글을 써보자.

1. 자신의 강점, 순위대로 써보자

1강점 :

2강점 :

3강점 :

4강점 :

5강점 :

2. 강점 순위에 맞게 활용한 비즈니스 모델 수립

STEP 4 지식 콘텐츠 찾는 심화 방법

(PART2-4 지식 콘텐츠 찾기, 참고)

STEP 4는 콘텐츠를 찾기 위해 심화된 질문을 생각해보는 과정이다. 먼저 내가 좋아하고 잘하는 일들을 중심으로 생각해보고, 미래에 어떤 삶을 살고 싶은지 미래를 상상하여 지금 내가 하고 싶고 할 수 있는 일들을 끌어낼 수 있다. 마지막으로 가볍게 내 관심사들을 나열하여 콘텐츠를 정리해보자.

1. 일의 관점에서 콘텐츠 찾기 위한 질문 리스트 작성

• 내가 가장 좋아하는 일은?

• 내가 가장 잘 하는 일은?

• 지금까지 내가 해 왔던 일들은 무엇인가?

• 일하는 과정에 기쁨을 느끼는 편인가? 혹은 성과에서 보람을 느끼는 편인가?

• 내가 일하면서 도움을 받았던 사람이나 책은? 그 이유는?

2. 콘텐츠를 찾기 위한 질문 리스트 : 미래 비전 관점

• 나는 어떤 모습으로 살고 싶은가? 보이고 싶은 나의 모습은?

• 3년/5년/10년 뒤 오늘의 주요 일정은?

• 3년/5년/10년 뒤 언론 인터뷰 예상 질문은?

- 3년/5년/10년 뒤 저명인사 모임에 당신을 소개하는 멘트는?
- 3년/5년/10년 뒤 세바시에 초대 받는다면 강연 주제는?

3. 콘텐츠를 정리하기 위한 질문 리스트

- 내가 자주 보는 책들의 리스트는?
- 한 시간 동안 이야기해도 지지치 않는 수다 스토리는?
- 내가 가진 콘텐츠 후보 리스트를 나열해본다면?
- 그중 한 가지 주제로 인터뷰를 한다면?
- 나를 가장 잘 표현해줄 나만의 콘텐츠는?

STEP 5 비즈니스를 정의하기 위한 전략적 청사진 만들기

(PART3-2 비즈니스로 정의하면 시작부터 다르다, 참고)

STEP 5는 머릿속에 있는 복잡한 비즈니스에 대한 생각을 비즈니스 모델 캔버스에 넣고 간결하게 표현해보는 활동이다. 비즈니스 모델에 대해 3-2를 참고하여 명확하게 이해한 후 각 섹션을 채워보자. 이 활동을 통해 막연했던 생각들이 명료해지며 비즈니스의 청사진을 가지게 되어 사업을 추진하는 데 큰 도움이 될 것이다.

1. 비즈니스 모델 캔버스 작성해보자

비즈니스 모델 캔버스							BRANDING FOR YOU
핵심 파트너	핵심 활동		가치 제안		고객 관계		고객 세그먼트
	핵심 자원				채널		
비용 구조				수익원			

2. 타깃 고객 정하기

• 내가 알리고자 하는 가치를 위해 어떤 고객을 찾아가야 하는가?

- 한마디로 내 타깃 고객은 누구인가?
- 내 도움이 필요로 하는 사람들은 어디에 있는가?
- 그들이 도움을 받고 난 후에 무엇이 가능해질 것인가?

3. 내 지식 콘텐츠의 가치 정하기
- 내가 고객에게 전달하고자 하는 가치는?
- 타깃 고객이 가장 필요로 하는 것은?
- 내 콘텐츠로 해결해줄 수 있는 문제는?

4. 지식 비즈니스가 연결될 채널 정하기
- 내 콘텐츠가 필요한 고객을 어디서 만나는 것이 좋을까?
- 가장 효과적인 채널은 무엇일까?
- 고객에게 다가가기에 가장 쉬운 채널은?
- 채널의 종류 정리하기: 온라인(웹사이트, 오픈마켓, 소셜커머스, 크
  라우드 펀딩, sns채널, 오픈채팅방 등)
- 오프라인 (각종 교육기관 등)

5. 고객에게 받는 지불 방식은?
- 고객이 주로 지불하게 되는 방식은?
- 단기적 수입은?

• 장기적 수입 방식은?

• 저가 상품은?

• 고가 상품은?

6. 나에게 필요한 자산은?

• 지적 자산 : 브랜드, 디자인, 홈페이지 유지

• 인적 자산 : 협업 파트너, 직원

7. 핵심활동

• 우리의 가치 제안은 어떤 핵심활동을 필요로 하는가?

• 공급 채널을 위해선 어떤 활동이 필요한가?

• 고객관계를 위해선, 수익원을 위해선, 어떤 활동이 필요한가?

8. 핵심 활동 유형

• 문제해결

• 플랫폼·네트워크

9. 핵심 파트너

• 누가 핵심 파트너인가?

• 우리의 핵심 공급자는 누구인가?

- 파트너가 어떤 핵심활동을 수행하는가?

10. 파트너십을 구축하는 이유

- 최적화와 규모의 경제

- 리스크, 불확실성의 감소

- 자원·활동의 획득

STEP 6 사명과 비전 만들어보기

(PART3-3 일의 사명과 비전 정리, 참고)

STEP 6는 비즈니스를 하기 위해 사명과 비전을 탐색하고 그것을 정립하는 활동이다. 내가 하고자 하는 길의 근본을 탐색하는 것이다. 그 일의 이면에 어떤 신념과 사명과 비전이 있는지 정립하고 사업을 하는 것은 매우 중요하다. 왜 이 일이 하고 싶은가? 본인의 사명과 비전을 깊게 생각해보자.

1. 나에 대해 자유연상하기

• 나는 다른 사람들에게 어떤 모습으로 보이고 싶은가?

• 내가 되고 싶은 것은 무엇인가?

• 내가 살고 싶은 삶은 어떤 삶인가?

• 나는 어떤 삶을 살았나?

• 나는 왜 살고 있는가?

• 다른 사람들은 나를 어떻게 평가하는가?

2. 신념 찾기(태도·가치)

• 내가 중요시하는 것은 무엇인가? (예: 행복, 건강 등)

• 반드시 지켜야 할 중요한 것은 무엇인가?

• 내가 사람들에게 주고 싶은 것은 무엇인가?

• 무엇이 지켜질 때 기쁨이 생기는가?

3. 사명정리하기(미션)

사명을 선언하는 문장을 만들어보자.

나의 브랜드명	~는
내가 도움을 주고자 하는 대상	~에게
내가 가진 재능과 기술	~을 바탕으로
어떤 방향으로 알리고 도울것인가	~위해 존재한다.

STEP 7 브랜드 만들기

(PART3-4 브랜드명 만들기, 참고)

STEP 7는 단번에 고객의 눈을 사로잡을 브랜드네임을 만들어보는 단계이다. 의인화 기법을 사용하거나, 세/바/시처럼 말을 줄여보거나, 카(카오)톡처럼 단어를 잘라보거나, 소리이미지를 부각하거나, 동일 음을 반복하는 기법, 그리고 문장 수준으로 길게 사용하는 기법 등이 있다. 브랜딩 로고에서는 가치 철학을 반영하는 형태를 만들어보자. 외모도 브랜드이므로 내가 사람들에게 어떤 이미지로 보이길 원하는지 제약 없이 상상하며 디자인해보자.

1. 브랜드 네이밍 콘셉트 체크 포인트

① 온라인 검색시 차별화되는가?

② 이해하기 쉬운가?

③ 기억하기 쉬운가?

④ 내가 하는 일과 연관성이 있는가?

⑤ 발음하기가 쉬운가?

⑥ 브랜드명으로 도메인을 살 수 있는가?

2. 브랜드 로고 만들기

3. 브랜드 가치 정립하기

(PART3-5 내 브랜드 가치 정립하기, 참고)

4. 내 외적인 모습이 타인에게 어떻게 보이고 싶은지 써보기

(PART3-6 내가 곧 상품이다, 참고)

5. 내 콘텐츠, 프로그램을 보고 타인이 어떻게 느끼길 바라는지 써보기

(PART3-6 내가 곧 상품이다, 참고)

6. 내가 고객에게 전달하고 싶은 메시지는 무엇인지 써보기

(PART3-6 내가 곧 상품이다, 참고)

STEP 8 기획하기

(PART4-1 나와 소비자가 맞닿는 니즈 찾기, 참고)

STEP 8은 어렵게만 생각하는 기획을 쉽게 해보자는 의도로 만든 단계이다. 경영을 전공하지 않아도 쉽게 기획을 할 수 있다. 결국은 고객의 문제를 찾고, 원인을 확인하고 해결방안을 제시하는 것이 기획임을 잊지말자. 면선점의 원리로 쉽게 기획을 해보자.

면선점으로 기획의 기초 잡기

기획은 크게 3단계로 생각해볼 수 있다.

1. 면단계(기획의 큰 그림 그리기, 문제점 발견)

2. 선단계(문제점과 해결책을 이어주는 단계)

3. 점단계(해결책 제시)

1. 면 단계

① 고객을 찾는다. 고객을 한정하라. 나의 고객은 누구인가?

② 고객과 소통한다. 충분히 연결되고 교감한다. 나와 고객의 교감 포인트는?

③ 고객의 문제를 찾아낸다. 그들은 무슨 문제를 가지고 있는가?

2. 선 단계

④ 고객이 가지고 있는 문제의 원인을 분석한다. 3가지 적어보기.

⑤ 문제의 해결방법을 찾는다. 해결 방안 3가지 적어보기.

⑥ 그 과정에서 내가 가지고 있는 것, 내가 도움 줄 수 있는 것을 찾는다. 내가 못하는 것은 무엇인지 구체화한다.

3. 점 단계

⑦ 문제해결을 실행한다. 실행 3단계 혹은 4단계 혹은 5단계

⑧ 문제해결 후 피드백한다.

⑨ 마지막 단계에서 되돌아보고 개선할 점 3가지 적어보기

STEP 9 콘텐츠 상품화하기

STEP 9는 나의 소중한 콘텐츠를 어떻게 효과적으로 팔 것인가에 대한 전략을 짜보는 과정이다. 고객의 니즈, 참여 이유를 세분화해 적어보자. 그리고 내 상품을 큰 시장, 중간 시장, 작은 시장에서 어떻게 팔 것인가 구체적 전략을 세워보자.

1. 고객의 니즈 세분화해보기

고객의 목적성을 기반 차별화 방법

(PART4-2 전략적 기버 되기, 참고)

2. 고객의 참여 이유 세분화해보기

참여하는 고객 세분화 방법

(PART4-2 전략적 기버 되기, 참고)

3. 나의 큰 시장, 중간 시장, 작은 시장 만들기

(PART4-3 큰 시장 중간 시장 작은 시장, 참고)

STEP 10 내 콘텐츠에 맞는 온라인 플랫폼 찾기

(PART5 온라인 클래스 어디에 어떻게 팔까, 참고)

STEP 10은 자신의 현재 수준과 상황에 맞는 온라인 플랫폼을 찾고 선택해보는 단계이다.

팬이 많다면 '클래스101' 또는 자체적인 나만의 플랫폼을 만들어보는 것도 추천한다.

개별 컨설팅이 추가될 때 효과적으로 진행되는 수업이라면 '스터디파이'와 같이 관리형이 추가된 것이 좋을 것이다. 또는 자유롭게 나의 강의를 올리고 싶고 알려보고 싶으신 분들은 '클래스유'와 같은 플랫폼을 선택하는 것도 좋다. 이처럼 다양하게 플랫폼마다 콘셉트가 있고 추구하고자 하는 방향성이 있기 때문에 그에 맞추어 도전하는 것이 좋다.

STEP 11 강의 만들기

(PART6 말 잘 못해도 온라인클래스 만들 수 있다, 참고)

STEP 11은 순서에 따라 강의를 구체적으로 만들어보는 것이다. 하나하나 과정에 따라 강의를 구체적으로 만들어보자.

1. 강의주제 정하기

◀ 좋은 주제의 조건 ▶

① 흥미로운가?

② 다른 사람들에게 이익을 주는 내용인가?

③ 트랜드를 잘 반영하는가?

④ 사람들에게 감동을 주는가?

⑤ 사람들의 문제를 해결해주는가?

2. 수강대상 정하기

◀ 수강 대상 선정을 위한 조건 ▶

① 이 강의는 누구를 위한 강의인가?

② 이 강의를 수강하기 위해 필요한 지식, 경험은 무엇인가?

③ 이 강의가 도움이 되지 않는 사람은 누구인가?

④ 이 강의를 듣고 얻을 수 있는 것은 무엇인가?

3. 학습목표 정하기

◀ 학습 목표 작성 시 고려사항 ▶

① 수강생이 배울 내용이나 개념을 명확하게 정한다.

② 수강생이 도달하는 결과를 디자인한다.

③ 수강생이 결과를 얻을 수 있는 행동을 고려하여 학습목표에 주어, 목적어, 서술어 형식으로 표현한다. (이때 서술어는 동사를 사용한다.)

④ 수강생이 결과를 어떻게 가시화할 수 있는지 고려한다.

4. 강의 개요 만들기

◀ 개요에서 반드시 다루어야할 사항 ▶

처음 :

• 호기심 유발, 동기유발

• 강사소개

• 아이스브레이킹

• 화제 제시

• 학습목표제시

중간 :

• 다양한 설명방식(열거, 대조, 인과, 문제해결, 서사 등)을 이용하여 구성한다.

- 예시와 부연설명을 충분히 한다.

- 강조하고자 하는 것을 짧고 명료하게 만든다.

- 여러 가지 시각자료를 충분하게 사용한다.(사진, 동영상, 사물 등)

끝 :

- 본론의 내용을 요약,정리한다.

- 화제에 대한 의의, 가치를 강조한다.

- 수강생에게 감사와 인정을 한다.

- 다음 강의를 소개한다.

5. 강의 대본 만들기

◀ 효과적인 대본 만들기에서 주의사항 ▶

- 환대가 넘치는 인사하기

- 신뢰감 있는 문장을 구성하기

- 학습목표 명료하게 제시하기

- 수강생의 관점에서 설명하기

- 문장은 짧게 나누어 쓰기.

- 중의적 문장, 단어 사용하지 않기

- 표준어 사용하기

- 시각자료 충분히 사용하기

- 내용의 흐름을 설명하기

- 수강생과 대화하듯 문장 써내려가기
- 완성되면 소리내어 읽어보기

6. 영상 제작하기

직접

의뢰

STEP 12 홍보하기

STEP 12은 내 채널을 만들고 그곳에 내 강의를 올려서 홍보를 하는 단계이다. 가급적 많은 채널을 사용하여 적극적으로 홍보해야 한다. 특히 수강생 리뷰를 확보하여 사회적 증거를 보여주는 것이 매우 중요하다.

1. 내 SNS 상태 체크하기

2. 내 SNS 설계하기

3. 강의 소개글 쓰기

4. 수강생 리뷰 확보하기